비빔밥 선생의 사랑

인산 이윤식 고희기념문집

만인사

인산 이윤식 근영

▲ 아버지

어머니 ▲

신축 가옥 앞에서
부모님 모습 ▶

▲ 동생 결혼식을 마치고 제종반간, 큰아버지 모습도 보인다.

◀ 어머님 팔순 때 종형, 동생과 함께

▲ 큰누님 내외분과 생질들

▲ 친정을 위해 애쓰던 둘째 누님

◀ 셋째 누님 결혼식날

넷째 누님과 생질들 ▶

▲ 여동생과 아내, 미송, 영주

동생의 모습 ▲

◀ 제수씨 신혼 여행길
(오른쪽부터 아내, 누님, 제수, 생질부, 사촌동생, 큰집 질부)

◀◀고등학교 시절
◀ 고등학교 때 셋째 자형과

▲ 초등학교 때부터 육상선수로 뛰었다.

▲ 중학교 때 가야산 정상에서

▼ 고등학교 써클 친구들과

중등 시절 연극반원으로「낙랑공주와 호동왕자」에 출연하고 ▲

▲ 육상선수로 1등에 골인하다

고교 시절 럭비 선수로 활약하다 ▲

▼ 대학 시절 친구들과(왼쪽에서 세번째가 인산)

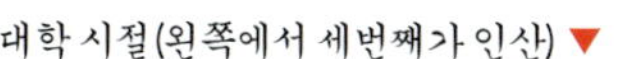

대학 시절(왼쪽에서 세번째가 인산) ▼

▲ 군대 생활(1965)

제대 말년 내무반장 시절
진해 육군대학 교수부에서
(앞줄 왼쪽에서 5번째가 인산) ▶

▼ 건천초등 제9회 동기회(1961)

전통혼례로 올린 결혼식
(1960. 1. 1) ▶

◀ 아내와 미송, 영주(건천 옛집에서)

◀ 고향집 앞에 선 어머니

◀ 건천 옛집 툇마루에 앉아 있는
영주와 미송이의 어릴 때 모습

▼ 처이종 제환이네 가족과 달성공원에서

◀ 천포초등학교 영주 졸업식날

불국사에서 우리 가족들
(미송, 영주, 경순, 영락) ▶

◀ 합천 가회초등 교사 시절(1965)

▲ 건천초등 재직 때 은진미륵불 앞에서(1969) ▲ 경주 천포초등 재직 때 인천 맥아더장군 동상 앞에서(1975)

▼ 경주 나산초등 재직 때(1967)

▲ 황남초등 때 문경 새재에서(1980)

의곡초등 때 정이품 소나무 앞에서 (1978. 10) ▲▲

대구 산격초등 때 죽령에서(1981) ▲

대구 남송초등 재직 때(1995. 10. 3) ▼

▲ 대구 대서초등 교정에서(1997)

◀ 대구 종로초등 시절 죽령에서(1986)

성묘를 마치고 형님과 조카들 ▼

▲ 어머님이 넷째 딸과 사위, 사돈과 나들이길

영주 결혼식날 종형 내외분 ▶

▼ 친손, 종손, 외손 모두 13명의 귀중한 내 자손들

◀ 큰아들이 하림, 하정이를 안고

▲ 큰아들이 하림와의 망중한

▲ 큰며느리가 하림이와 함께

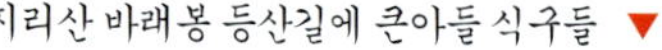

지리산 바래봉 등산길에 큰아들 식구들 ▼

▲ 둘째 아들 가족들

둘째 아들이 손자들과 ▶

▼ 귀여운 나의 손주, 손녀들

▲ 큰딸 가족들(왼쪽부터 영기, 은서방, 큰딸, 웅기, 2009. 8. 22)

나들이길에 큰딸과 영기와 함께 ▶

영기, 웅기, 하림이 어릴 때 ▶

▲ 둘째딸 가족들

◀둘째딸 가족들

▼ 둘째 사위와 손녀들

▼ 외손주, 손녀들

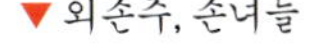

◀ 어머니가 외증손자를 데리

▲ 동생의 자녀 미영(1984, 12)

동생의 자녀 재욱과 미영 남매▲

승윤, 제원 어릴 때 ▶

째 누님의 외손녀 서정이 졸업식날 ▶

◀ 처조모와 장인 모습

▼ 동서, 처제, 처남들 충무 외도에서

▲ 미국과 캐나다 해외나들이길

▲ 동남아여행중 태국에서

동남아 밀림에서 아내와 함께 코끼리를 타고 ▶

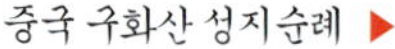

중국 구화산 성지순례 ▶

▲ 일본 여행길

친구 내외분들과 울릉도 성인봉에 올라 ▶

▼ 청와대 나들이

▲ 남송초등학교를 끝으로 40여년간의 교직을 마감하고 퇴임사를 하다.

퇴임 직후 ▲

◀ 오봉회 계원들과

생일잔치 가족들과 ▶

중학교 동기들과 삼천포에서 ▲

31초등동기 계원들(박해필 집에서) ▲

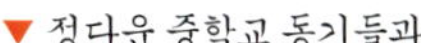

▼ 정다운 중학교 동기들과

▲ 아내가 사천시 실버문화학교에 입학하고

▼ 제12기 대구 환경대학 수료를 마친 아내(둘째줄 왼쪽에서 두번째, 2001. 12. 15)

▲ 아내와 함께

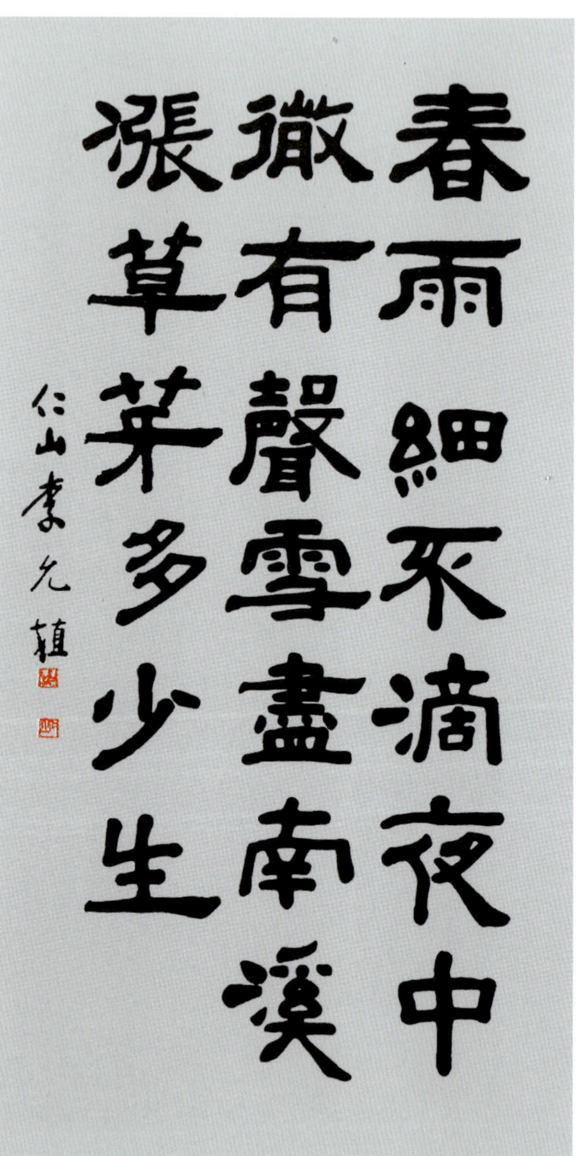

鄭夢周「春」

사군자 중「난」

▲ 장관 및 각종 표창

현장 연구실적 (1) ▲

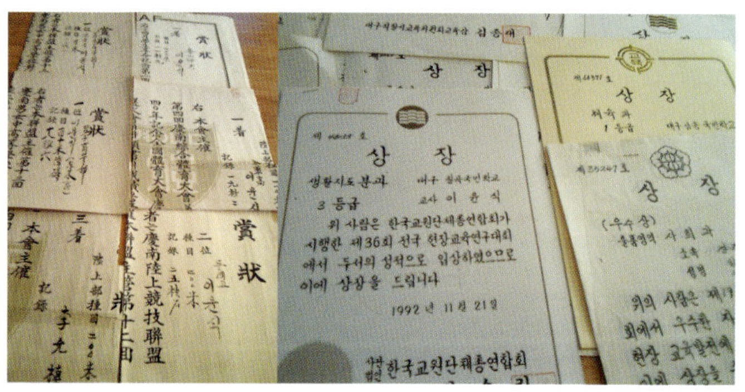

▲ 육상 단거리 입상 실적

현장 연구실적 (2) ▲

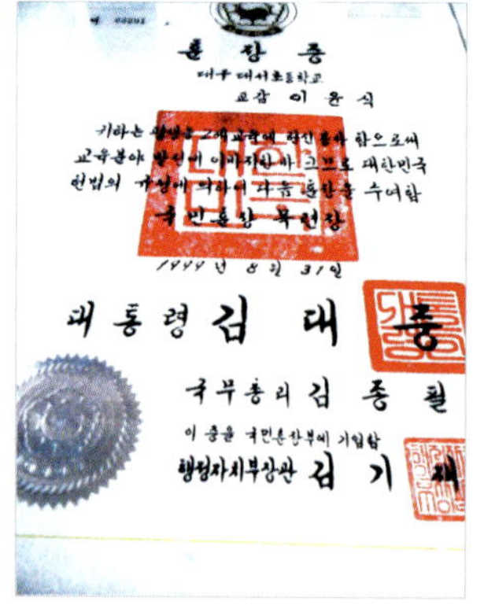

▲ 훈장받음 목련장

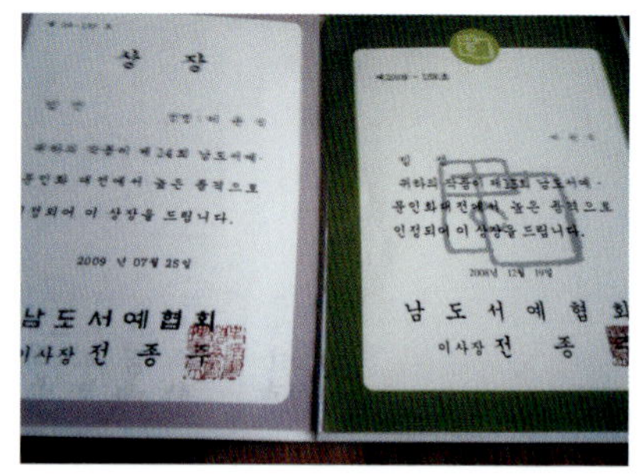

서예 입상 실적 ▲

비빔밥 선생의

사랑

남도의 해변에 살며

어느새 내 생도 고희(古稀)에 다달았다. 또한 우리 내외는 올해로 금혼(金婚)이다. 그 짧지 않은 세월을 되돌아보니 만감이 교차한다. 거기다 전문 문필가도 아니면서 고희기념문집 『비빔밥 선생의 사랑』까지 출간하니 그저 과분할 뿐이다.

나의 발자취를 따라가 보면 신(神)이 벌써 점지해둔 것 같기도 하다. 초 · 중등은 고향에서, 고등학교와 대학은 남도의 항구 도시 부산에서 마쳤고, 사회의 첫발을 디딘 진주, 합천, 경주, 대구를 거쳐 40년 가까이 교직에 몸 담다 지금은 풍광이 수려한 남도의 하늘 아래에서 마지막 생을 꿈꾸고 있다.

행복과 불행은 마음먹기에 따라 다르다. 백만장자라고 모두가 행복한 것도 아니다. 그들은 그들 나름의 고민이 있는 법이며, 노숙자라고 모두가 불행한 것은 아니다. 그들은 그들 나름의 행복도 있는 법이다.

나고 죽는 것은 천리(天理)이며 유한한 생명체의 정해진 길이다. 사람들, 동물들, 식물들, 생명 있는 모든 것은 태어나서 자라서 죽고, 떨어져서 자연으로 돌아가고 새 생명이 다시 태어나는 것이 자연의 섭리이다. 먼저 가고 늦게 가느냐가 다를 뿐이지 언젠가는 가는 것이 진리인 것을……. 너무 슬퍼하지 말며 두려워하지도 말아라. 삶은 별 것 아니야! 이 땅에 왔다가 저 하늘로 가는 길목일 뿐이다.

지금 고희에 또 무엇을 바라겠는가? 남도의 조용한 해변마을에서 묵향에 젖어 글 쓰고, 아름다운 자연에 심취하여 움직이며 살아가는 것이 내 삶이다. 남과 별반 다를 바 없다.

성현의 말씀에 "만족할 줄 알면 욕심이 없고, 항상 즐거운 법이며, 멈출 줄 알면 위태로움이 없다(知足不辱 知足常樂知止不殆)."고 하였다. 그저 친구가 좋아 친구 따라 강남도 가고, 틈이 나면 원고 정리하고, 새로운 글을 쓰기도 하여 내 삶의 흔적을 남기려고 하며 진솔하게 여생을 보내려 애쓰고 있다.

이곳 남도의 해변마을에서 부모님이 잠든 고향 땅이 멀어만 보인다. 자주 부모님 품 속이 그리워지는 것은 늙어감의 탓일까? 그 지긋지긋한 보릿고개의 시절을 살았고, 논바닥에 엎드려 모심고, 논 매고, 보리 타작, 밀 타작, 콩 타작도 해 보았고, 포장마차에서 김밥과 우동, 어묵도 팔아 보았다. 피난의 고달픔도, 비탈진 판자촌의 판자집에서 비 맞고 살아도 보았고, 집 없는 고통도 겪어 보았다. 반지하방, 전셋집에서도 살아보았고, 주택과 아파트에서도 살아 보았다. 비포장길을 걸어서 직장도 다녔고, 자가용을 타고 출퇴근도 해 보았다. 그간 나에게 주어진 생에 열심히, 한 점 부끄럼 없이 살았다고 자부해본다.

나는 평생 교직에 몸 담으며 화려하지도, 빛나가지도 않은 평범한 삶을 살았다. 그 흔적을 고희기념문집이란 이름으로 『비빔밥 선생의 사랑』을 펴내니 새삼스럽다.

1부 「천포 가는 길」은 『반갑다, 고향 까마귀들아!』에서 가려뽑아 몇 편 추가하였고, 2부 「얌체와 우둔이」는 '사천시보'에 틈틈히 실었던 수필을 다시 손보았고, 3부 「나는 1학년이 싫소」는 교단에서의 일화를 중심으로, 4부 「인생은 빈손」은 육친애적 아픔과 기쁨을, 5부 「바람 같이 살라하네」는 여행기를 시의 힘으로 적었다.

시집 『반갑다, 고향 까마귀들아!』에서는 하고 싶은 말을 다 하지 못한 아쉬움이 남았다. 거기다 책을 내고 싶은 욕심은 어쩌랴. 자식들에게 부담까지 주면서 말이다. 그러나 이 고희기념문집은 내가 살아온 모습이 고스란히 담겨 있다. 젊은 시절에 진작 글을 써보지 않은 것 또한 아쉬움으로 보듬는다.

세월은 쏜살같다. 고등학교 졸업반, 스무살의 철부지 신랑을 만나 우리는 어느새 반백년이라니. 시집 와서 일구월심 나만을 바라보고 살아준 아내여, 고맙고 미안하다. 거기다 만년에 자손들 가까이에서 그들이 자라는 모습을 보는 일은 그저 기뻐 할 뿐이다.

이 책은 어디까지나 박진형 시인의 권유가 큰 힘이 되었음을 밝혀두며, 또한 발문을 써준 외우(畏友) 유명덕 선생에게도 고마운 마음을 전합니다.

차례

| 책을 펴내며 |
남도의 해변에 살며 · 35

1. 천포 가는 길
탱자나무 · 45
신작로 · 46
담 구멍 · 48
물가의 나무들 · 50
논길 따라 · 52
톱밥 난로 · 54
몽당연필 지우개 · 55
천포 가는 길 · 56
나무공장 · 58
나는 장비요 · 60
살구 · 61
불효자 · 62
촛불 켜시는 어머니 · 64

불쌍하여라! · 66
위대한 아내 · 68
잘 살고들 있소 · 70
어찌 이렇게 똑 같을까? · 72
기도하는 마음 · 74
작은 소망 · 76
모두 미안하여라 · 78
그대와 나 · 79
진달래꽃 · 80
재롱둥이들 · 82

2. 얌체와 우둔이

핸드폰에 들어 온 봄 · 85
고마운 세상에 살고 있다 · 86
산을 오르고 있다 · 89
겨울나무 · 92
한국의 춤과 소리 · 95
궁하면 통한다 · 97
살아 생전 사야지 · 99
운전면허증 · 101
발가벗어라! · 103
방귀가 목욕을 못하게 하네 · 106
얌체와 우둔이 · 108

차례

층층만층 구만층 · 110
배려하는 삶을 살자! · 112
자식 이기는 부모 없다 · 115
적을 알고 나를 알면 · 117
나를 이겨야 된다 · 120
건강을 지켜라 · 123
새벽을 여는 사람들 · 126
안 보여주고 안 들려주면 안 되나? · 128
대구나들이 · 131
성묘길 · 133
세상은 아직도 아름답다 · 136

3. 나는 1학년이 싫소
기억 너머의 건천 · 141
아이고 아까워라 · 154
선생님 어떻게 해요 · 164
내가 누구게 · 178
생각나는 아이들 · 189
제자들을 생각하다 · 196

4. 인생은 빈 손

못다함은 지금 채워라 · 207
자식은 손님이다 · 209
차라리 내가 · 211
할애비도 운다 · 213
아내의 생일 · 215
서비스 진료 · 217
세 번의 천당길 · 220
형님 미안합니다 · 224
인생은 빈 손 · 226
그저 고마울 따름이다 · 228

5. 바람 같이 살라하네

주왕산을 다녀와서 · 233
얼음골을 지나면서 · 236
각산 · 239
산은 말이 없다 · 241
울릉도를 찾아서 · 244
비행기 안에서 · 247
동남아 여행길 · 249

| **발문** | 다방면에 재주가 많은 이윤식 선생님 / 유명덕 · 251

1

천포 가는 길

탱자나무

철길 넘어 서면
비탈진 산내길
수리조합 탱자나무
자전거 처음 타다
처박힌 탱자나무

앙상한 가지에
굴뚝 참새 가족들
모여서 재잘거리고
숨바꼭질할라치면
어느새 하얀 봄 내려
노랑 방울 매달고 있다.

비탈진 산내길
탱자나무 울타리 누비며
병정놀이하던 친구들
아, 보고 싶다.

신작로

산내길 신작로는
비포장길
경주길 신작로는
포장길이었다.

지엠씨 덤프 트럭
먼지 달고 달렸고
나무 한 가득 실은
산판의 나무차
목멘 소리 허덕이며
달리던 신작로

깜장고무신 신은 아이
발 아파 동동
갓길로 걷다가
돌부리 걷어차고
정강이 깨던 그 아이가
오늘에사 여기 서 있다.

고향 하늘 밑
신작로 걷고 있다.

담 구멍

우리 집 윗집은
흙담에 돌 박아
기와 머리 이고서
갈라 서 있었다.
구멍을 두 개나
가슴에 달고서

누가 낸 구멍일까?

답답해서 이웃이
구멍 낸 것일까?

까치발하고 넘겨보던 구멍에
어린 시절 이웃이
보일 듯 아련하다.

솔떡, 망개떡, 등겨떡, 부추 부침
파 부침, 호박범벅

보내고 나눠 먹고,
이웃 동네 먼 길 갈 때
집 봐 달라 부탁하고,

이 집, 저 집 사정
내 집처럼 잘 알던
그 구멍 보고 싶다.
그 이웃 살고 싶다.

정 주고 정 받던
그 구멍이 생각난다.

물가의 나무들

물가의 나무들은 알까?
감나무, 오동나무, 아카시아나무, 버드나무…….
외딴 집 뒷켠에 서서
흐르는 물소리 듣고
지난날을 말이다.

말 뜯어 쌈 싸먹고
송어, 붕어, 미꾸라지,
버들피리 잡아서
풍로불에 끓여 먹고

우체국 양어장의
가물치 몰래 낚아서
도망치던 개구쟁이
그 친구들 어디 있는지?

너의 모습 묻어버린
발밑의 콘크리트 밟고

애타게 물어 보며
우두커니 서 있다.

논길 따라

월곡들 논길 따라 발길을 옮겨 본다.
말끔히 단장된 옛길은 그대로인데
변한 것은 세월인가?

농로엔 풀이 가득 걷기도 힘들고
수리봇도랑은 시멘트 둑으로 태어났고
소먹이며 책 읽다가
저녁놀 물들 때 돌아들던 친구들 모습 본다.
목소리가 들린다.
깊고도 높았던 수리도랑 폭포수는
벌거벗은 소년들의 모습을 먹음은 체
머리에 긴 다리 하나이고 눈감고 앉았구나.
수리도랑 막아서 물 퍼고 고기 잡던
그 소년 흰 머리 달고 그 자리에 다시 왔건만
흔적은 어디 숨었는지 수리 물만
오늘도 도도히 흐르고 있다.

보리타작하는 날 논바닥에 앉아서

이밥에 된장 매운 고추 찍어 먹는다.
논길 따라 고향을 더듬는다.
작산 언덕배기에 누워 계신 부모님께
두 손 모우며 인사드린다.

흰머리 이고 지난 세월 얼굴에 달고
고향 땅 하늘 아래서 그리움 찾으려고
여기 건천의 월곡들에 서 있다.

톱밥 난로

드럼통으로 만든 톱밥난로 가운데에
말뚝 박고 톱밥 넣어 다지고
말뚝 빼면 공기통이 생긴다.

불꽃이 올라온다. 활활 타오른다.
오르다 무너지면 공기통 밑으로
불똥이 튀어난다. 모두가 놀란다.
눈망울이 휘둥그래 겁 먹는다.

2교시 지나면 도시락이 그득하다.
3교시 지나면 위아래 바뀐다.
4교시 지나면 옹기종기 모여 앉아
도시락 까먹는다

깡보리밥도 괜찮다
된장 종지도 괜찮다.
배만 부르면 다 괜찮다.

몽당연필 지우개

교실 바닥 구멍 사이로
몽당연필 떨어지는 날이면
마루 밑으로 기어야 했다.
몽당연필 찾으려고
엄마한테 욕 안 먹으려고

캄캄한 바닥 밑 거미줄에 걸리고
먼지 냄새 맡으며 기어야 했다.
몽당연필 지우개 찾으려고

운 좋게 긴 연필 하나 주우면
그날은 행복했다.

엄마한테 자랑도 했다.

천포 가는 길

사과밭 탱자나무
양옆에 줄 세우고
포플러 그늘 지나
벚꽃 구름
벚꽃 터널 거리로
단발머리 휘날리며
천포길 신작로 걷고 있다.

손잡고 싶었더라.
놀고도 싶었더라.
깨물고 싶었더라.
확 껴안고 싶었더라.

그대들은
멀리만 있었고
혼자 속앓이하던
소년적 짝사랑
오늘도 그 마음으로

신작로 밟고 있다.

옛날에 옛날에
젖으며 가는
천포길

나무공장

나무공장이 작아졌네.
내 어린 시절에는
나무도 많았고 차도 많았는데
쇳소리 기계소리
귀 아프도록 돌아갔는데,
지금은 거의 사라질 형편이네.
가난한 어린 시절
나무차 들어오면
쇠끌 들고 소쿠리 들고
비료포대 둘러매고
나무껍질 벗기려고 나무공장 모여 들어
이리 뒤척 저리 뒤척
많이들 벗길 요량으로 손놀림이 빨랐다.

톱밥 날라 불 지피려고
새벽 같이 일어나서
공장문 열기를
고대하던 새벽 공기

온몸을 스쳐오네.

허드레나무 돈 주고
무게 달아 사 오려고
공장주인에게 부탁하던
엄마 모습 떠오른다.

집안에 그득 쌓인
나무 더미 톱밥 창고
문 열어 볼라 치면
부자된 듯 푸근함이
저며 오던 그 시절이
오늘 여기 살아난다.
공장 앞에 살아난다.

나는 장비요

교내 연극 공연회
〈낙랑공주와 호동왕자〉

감독 이상옥 선생님
지도 서울사진관 아저씨
영호(永浩)는 낙랑공주,
광희(光熙)는 호동왕자,
나는 장비요!

분장하고 꾸민 모습
누군지 알쏭달쏭
공연하던 그 때, 순간
아무 것도 안 보인다.
박수소리 뿐이다.

친구들 앞에 공연하고
부형들께 공연하던 그 순간들
사진 앞에 앉아 있다.

살구

운동장 우물가 살구나무 한 그루
익기 전에 돌 맞고, 새고 나면 상처투성이
지금은 어디간지 모습조차 볼 수 없다.

학교 사택 살구나무 노랗게 주렁주렁
입가에 군침 절로 돌게하였는데
이것 또한 어디 간지 소식조차 없다.

교장 사택 살구나무
성열이네 살구나무
우리들의 나무였지.

용린이가 살아서 놀러가서 따먹고
성열이가 살아서 따먹고 가져오고

살구나무 있는 집
새콤한 살구 맛 언제 또 볼꼬?

불효자

우리 어머니
너무 일찍 보내셨다.
불효자 이 자식이

일층이나 단독주택에 살았더라면
언제나 문 밖 출입 쉬웠을걸
흙도 밟고 공기 쐬며
백세 누리셨을걸
친구들 만나 더 긴 여생
보내셨을 텐데…….

이 자식이 불효자라
어머니 목숨 단축했다.

승용차 마련하여
어머니 모시고
큰 손녀, 손자집에
돌아가며 구경하자고

마음도 먹었건만
몇 차례 다니지도 못 하시고
어머니 먼길 가셨다.

어머니 안 계시지만
오늘도 잘도 타고 다닌다.
불효자 이 자식만

촛불 켜시는 어머니

정월 보름 이른 새벽
어머님 몸 정갈히 하시고
새벽 기도 떠나신다.
장군뱅이 바위산 밑
정한수 한 그릇 떠놓으신다.

식구들 곤히 잠든 새벽에
당신은 추워도
손가락이 시려도
귓가가 아리해도
지난 해 묵은 액운
촛불 밝혀 정한수에
띄워 보내신다.

가족 모두
무병하라고
두 손 모으시던
어머님 생각에

이 자식 또한, 부모 되어
달집에 부적 달고
두 손 모아 눈 감는다.

불쌍하여라!

20대에 홀몸되고
또한 남편 만나 행복을 찾았는데
배태 한번 못해 본 여인께
행복은 돌아섰다.
영원히 돌아섰다.

길거리, 시장 바닥
삶에 몸부림 쳤고
친정집 도우고, 피붙이들 보살피며
空手來 空手去, 本來無一物.
석가 정신으로 살려는데
세태의 흐름은 그냥 두지 않았다.
가진 것 날리고, 허탈에 지쳤어
부처님 모시며 마음 달래고
꽹과리 치며 북 치고 칼날 휘두르며
세월의 허무를 찌르고,
세태를 자르는 몸부림쳤지만
끝내 행복은

손을 내밀지 않았다.

저승의 문턱에 선 누나여!
미안하다.
나를 여기까지 오게 하셨는데.
뭐 하나
도움 안 되는 나
밉다.
아프다.
찢어진다.
가슴 답답하다.
하늘에 대고, 허공을 향해
통곡하고 싶다.

위대한 아내

"아이고 속 시원하다."

보험에서 빌린 돈
오백칠십만원을 갚고 나오는
아내의 첫 탄식이다.

앞으로 갚아야 할 빚
셈하여 보니
구천이백만원.

그래도
아내가 위대해 보인다.

박봉으로
지금까지 먹고 살고
자식들 공부시키고
출가도 시켰으며
부모님 장례까지 치렀으니

남이 타고 다니는
승용차도 사고
두 아들 살림까지 내주었다.

아내가 위대해 보인다.

잘 살고들 있소

나는
사모관대 쓰고 홀기 따라
결혼했소.
경주 배반에서.
미송이는
현태진 경산시장의 주례로
결혼했소.
대구 황제예식장에서.
영주는
신만철 삼천포화력발전소장의 주례로
삼천포 미진예식장에서
결혼했소.
경순이는
이상남 달성군교육장의 주례로
결혼했소.
대구 명성예식장에서.
영락이는
신현기 교장 선생님의 주례로

결혼했소.
대구 명성예식장에서.

이들 모두는 임들의 고언에 힘입어
잘들 살고 있으니 고맙소.
외손 친손 합쳐서 아홉 명이라오.
재롱둥이들이라오.
행복하다오.

어찌 이렇게 똑 같을까?

"지그 아버지하고 똑 같다. 똑 같아!"
아내가 자주 쓰는 말이다.

얼굴 희고, 몸 약간 뚱뚱하고.
밥 잘 먹고, 죽 잘 안 먹고.
호박, 가지, 토마토, 과일, 떡도
잘 안 먹고.
술 잘 먹고, 앞에 두고 못 참고.
부어주면 금방, 남 먼저 취하고.
먼저 가면 안 되고, 끝나야 일어나고.
남의 말 할 줄 모르고, 주사가 없고.
앉아서 꾸벅꾸벅 졸면서도 술 먹고.
집에 오면 아이들 싫다는 데도.
아이들과 포옹하고 입 맞추고.

몇 시에 어떻게 왔나?
아내에게 물어 보고.
실수 안했나?

걱정이 앞서고.
그래도 다음 날
또
늦고, 술 취하고.
쉬는 날에도
잠시도 가만히 있지를 못하고
움직인다.
운동한다.
일한다.
무엇을 해도 한다.
담배도 안 피우고.
어찌 이렇게 똑 같을까?

기도하는 마음

"여보, 내일 삼천포 가야지?"

"아이들 차 샀다는 데
고사지내 주어야 하지 않니?"

"가야죠."

명태 사고
실 사고
과일 사고
초 사고
소금 한 봉지
쌀 한 봉지
차에 싣고
우리 내외
삼천포 간다.

한적한 바닷가 삼거리에서

영주가 절하고
며느리가 절하고
애미가 절하고
애비가 절하였다.

우리 아이들
무사고 운전하고
탈 없으라고
빌고 또 빌었다.

작은 소망

가창면 대일리
흙을 밟고 서 있다.
지난 세월 뒤돌아보며

진주의 대아중
합천의 가회초
양남의 나산초
천북의 천북초
제자 키워 보내려고
젊은 열정 쏟았고,

건천초, 천포초
의곡초, 황남초
고향 후배 키우며
고향 지켜 살려는데
자식 앞날 밝히려고
대구 와서 산격초
종로초, 칠곡초

남송초, 대서초

오늘
여기 와 있다.
텃밭에 서 있다.

앞날의 작은 소망
건강하게 살려고.

모두 미안하여라

할아버지, 할머니
찾는 모습 선하다.
원이 모습이

며칠 뒤면 만나지만
왠지 마음이 찡하다.
작은 며느리가 돌보며
잘도 지낼 것이지만

두 손자 녀석들
혼자서 돌보는
작은 아이 생각하니
미안하고 미안하다.
여행비를 마련해 준
자식들께 감사한다.

며느리, 손자, 자식들에게
미안하다, 미안해!

그대와 나

귀천은 없다. 모두가 귀하다.
잘난 놈도 없다. 모두가 잘 났다.
친한 친구가 별도로 없다.
모두가 친한 친구이다.
높고 낮은 것도 없다. 모두가 평등이다.
없는 사람, 있는 사람 정해져 있지 않다.
잠시 좀 가졌고, 잠시 좀 못 가졌을 뿐이다.
곰보도 좋고, 째보도 좋다.
문둥이도 좋고, 절름발이도 좋다.
여자도 좋고, 남자도 좋다.
막말을 하지 말고, 원수를 만들지 마라!
쥐구멍에도 볕들 날이 있고,
오르막이 있으면 내리막이 있는 법.
있다가도 없고, 없다가도 있는 법.
사람 업신여기지 마라.
사람을 가려 사귀지 마라라.
내가 좋아하면 남도 나를 좋아한다.
그대를 위해 최선을 다하리라.

진달래꽃

진달래야!
먼 산 잔설이 아직도 하얀데
언덕배기 오름길에 겁도 없이
홀로 와 앉았느냐?
지나는 이들의 발길이 무섭지 않은가?
그들의 손길에 꺾이지 않겠는가?
황사 바람 누런데
안경도 안 쓰고 마스크도 안 하고
어찌 눈 뜨고 숨 쉬려고 발가벗고
홀로 와 앉았느냐?
노란 개나리, 자주색 제비꽃이
오기도 전에 1등 와서
파란 잎새 달고 멋진 자태를 뽐내려고
일찍 와 앉았느냐?
지난 겨울 가 버린 삶을
도로 다시 찾아서
잎새 달고 꽃잎 달아
봄바람에 살랑이며

예쁜 자태 보이려고
입술 깨물고 앉았느냐?
홀로 서 있음이 가련하여라!

재롱둥이들

사랑스럽다.
폭포에서 물놀이하는
손주 녀석들이

신이 나서 보트를 젓는 영기
보트에 엉덩이 박고
혼자 즐기는 웅기
물에 빠질세라 겁먹은 표정의
하림(河林)이, 하정(河政)이
언제나 쨍쨍이는 지윤이
애비 잘못으로 보트 뒤집혀 물 먹고
정신 못 차리는 제원(帝沅)이
엄벙덤벙 무서운 줄 모르고
덤비는 승윤(承潤)이

모두 모두 사랑스럽다.

2

얌체와 우둔이

핸드폰에 들어 온 봄

오늘도 여느 때와 같이 각산을 오른다.

평소에 입고 다니던 체육복에 등산화, 등산모를 쓰고 이어폰을 귀에 꽂고 음악과 뉴스를 들으면서 한가한 오후 시간에 자연의 품 속에 안기며 가파른 나무 계단을 헐떡이며 오른다.

삼월 중순인데 등에서 땀이 제법 나고, 얼굴이 달아오른다. 낙엽은 그대로 쌓여만 있고, 나뭇 가지는 앙상한 몸체를 드러내 놓고 남해의 봄바람 맞을 채비를 하고 있다.

등산로의 큰 상수리나무 밑에는 이미 봄이 도착해 있다. 여린 몸으로 가랑잎 제치고 살짝 얼굴 내밀고 봄의 전령사가 앙증맞게 앉아있다.

나는 얼른 주머니 속의 핸드폰을 꺼낸다. 핸드폰 카메라에 그 귀여운 모습을 담고, 약수터까지 갔다가 내려오면서 다른 방향에서 또 담았다. 1등을 한 제비꽃이 너무너무 앙증 맞다.

고마운 세상에 살고 있다

나는 '퇴직을 하면 산에도 가고, 여행도 다니며 더 좋은 시간들이 올 것이다'고 기대에 찬 마음으로 퇴직을 하고 생활해 보니 기대에 미치지 못한다.

매일 산에 가고 여행 가나? 더 좋은 일이 뭐 그렇게 쉽게 있나? 모두가 허상이었다. 아직 현직에 있는 분들은 지금부터 퇴직 후의 생활을 뜻있게 보낼 수 있도록 노력하시라고 말하고 싶다.

나는 서예와의 인연이 40여 년이나 된다. 1960년에 입문을 해서 중도에 쉬다가 퇴직을 한 후에 대구의 남구자치센터 김인규 선생 문하에서 다시 기초를 익혔고, 삼천포로 오면서 벌리동의 주민자치센터 인전 황명자 선생의 문하에서 서예를 익히며 마음 다스림을 배워 고맙고, 동서동의 난정 김명자 선생은 문인화 지도로 우리의 심미안을 넓혀주어 고마울 따름이다. 요가로 우리들의 건강을 지켜주셔서 고마운 류정화 선생님, 생각을 해 보면 여러 가지로 고마운 세상이다.

각 동마다 주민자치센터라는 공간을 마련해서 노래, 춤, 사물놀이, 영어, 사진촬영 등의 평생교육 체제로 몸과 마음을 풍요롭게 해주니 너무 고마운 일이고, 더욱이 서민을 위한 배려에 감사할 뿐이다.

또한 아름다운 자연을 이용하여 각 처에 등산로를 만들고, 마을마다 빈 공간에 쉼터를 마련해서 시민의 건강을 챙겨주니 고맙기만 하다.

3~40년 전을 생각해 보면 격세지감이다. 더욱이 와룡골에 마련된 삼천포 친수공간은 하나의 작품이다. 골짜기 입구에서부터 저수지를 돌아오는 산책로에는 붉은 색 우레탄을 깔아서 푸르른 자연과 조화를 잘 이루어 놓았으며 산림욕장을 만들어 편히 쉴 수 있는 공간을 마련해 두었음은 정말로 고마운 일이다.

물레방아 돌고 도는 와룡골 계곡물 위에 놓여진 다리 위로 달밤에 걸어 봄은 마치 선녀가 달밤에 걷는 경지에 이르지 않을까 상상해 본다. 흐르는 물소리와 지저귀는 새소리에 자연의 아름다움을 만끽할 수 있다. 정말로 고마운 일이고 이 고장의 자랑거리이다.

어디 이뿐인가? 우리 모두는 많은 분들의 덕에 고마운 세상에 살고 있다. 기업이 있어 일자리가 있고, 일자리가 있어 삶이 있고, 농부가 있어 먹을 수 있고, 아프면 병을 낮게 해주는 의사가 있어 고맙고, 입는 옷, 신는 신발을 만들어주는 사람들이 있어 편안한 삶을 누리며 살 수 있다.

물건만이 아니다. 내 지식과 생각도 나를 사랑해 준 스승들, 친구들, 때로는 옛날의 학자들과 예술가들의 노력으로 얻어진 것이다.

내 노력과 수고의 몇 백배, 몇 천배가 되는 정성과 업적을 통해 전달된 것이다. 하기야 내 육체와 생명, 건강은 물론 삶 자체도 모두가 다른 사람들의 도움과 혜택으로 존재하는 것이 아닐까?

이렇게 엄청난 고마움에 대하여 나는 무엇을 할 수 있는가를 고민해 봄이 마땅하지 않을까? 주어진 자기 일에 충실히 하고, 한 가지 일로 아흔아홉 가지의 은혜에 보답을 하면서 살아가면 즐거운 사회가 될 것이다. 거리에서 일하지 않고 떠드는 결사투쟁, 계속 일어나는 파업 사태, 공산주의 사회가 역사의 무대에서 사라져 가는 지금 좌파 · 우파 논쟁에서 자세를 바르게 하고, 상생을 하면서 살아야 할 오늘이 아닌가?

시끄럽지만 않으면 정말로 고마워하면서 살 수가 있을 것인데 안타깝다. 정말로 안타깝다.

오늘의 세상사를 보면 죽음 앞에는 만사가 허사가 아니던가? 공수래공수거(空手來空手去), 무욕대안(無慾大安)일진데, 그저 욕심 너무 부리지 말고 살자. 모두가 "내 탓이요!"하면서 살자.

산을 오르고 있다

내가 삼천포로 오면서 달라진 생활은 거의 매일 산에 간다. 하루하루 각산에 오르지만, 주말에는 외지 산으로 산행을 한다.

손자, 손녀들 앞세우고 아들, 며느리, 아내와 함께 간단한 간식과 식사대용 음식을 준비해서 각자 짊어지고 큰 아이 차로 나간다. 먼 곳과 높은 산의 산행은 할 수 없지만 반나절 산행 코스를 잡는다. 지금까지 오른 산은 각산, 적석산, 미륵산, 연화산, 설흘산 등이다.

각산은 삼천포 시내 가운데에 있는 398미터의 낮은 산이지만 가파름은 있어 땀으로 온 몸을 흠뻑 적시는 산이다.

시내에 있어 언제나 가기 쉽고, 정상의 봉수대에서 바라보는 남해의 사계(四季)를 무슨 말로 표현할 수가 없다. '너무 좋다'는 말 뿐이 안 나온다. 정말로 너무 좋다.

적석산은 마산과 고성의 접경지에 위치한 497미터의 산으로 많은 바위로 뒤덮인 산으로 두 개의 봉우리를 현수교로 연결해둔

산이다.

바위틈을 헤집고, 바위굴을 지나서 밧줄 잡고 오르내림은 산행의 참맛을 보여준다. 현수교 위의 흔들림은 간담을 서늘하게 하고 골짜기에서 불어오는 세찬 바람은 금방이라도 내 몸을 날려버릴 것 같은 기세다.

연화산은 경남 고성에 위치한 528미터의 도립공원으로 네 개의 봉우리를 넘고 내리는 반복 등산로가 매력을 끈다. 네 개의 봉을 모두 밟으면 아마도 1,000미터는 훨씬 넘는 등산로일 것이다.

설흘산은 경남 남해군 남면 가천리에 위치한 481미터의 산으로 육지에서는 약 600미터급 산이다. 한려수도, 앵강만, 망망한 남쪽의 대양이 한눈에 들어오고 일출이 장관이다.

응봉산 자락에서 시작해서 설흘산까지의 코스는 약 3시간이 소요되고 주차장에서 설흘산의 봉수대까지는 1시간 반 정도의 시간이 소요된다. 설흘산 정상 갔다가 응봉산 정상까지 되돌아 내려오는 코스는 약 2시간 정도가 소요되는 산행 코스들이라서 능력에 맞는 코스를 택해서 등산했다가 농림부 지정 어촌 체험마을인 가천 다랭이마을에서 감성돔 한 점에 막걸리 한 잔 걸치면 오늘의 하루가 즐겁다.

산은 말이 없으나, 눈과 귀와 감정 표현은 있다. 다만 보고도 못 본 척, 들어도 못 들은 척 오직 과묵하고 침묵을 지킬 뿐이다. 잘 난 체 하지 않는다. 각자가 가진 아름다움과 인간에게 준 베품도 자랑을 하지 않는다. 춘하추동 자기의 자태를 꾸밈없이 흔들림 없이 인간에게 삶의 활력소를 불어 넣어주고, 오르는 순간의 쓰라림과 정상 정복의 환희를 맛보게 한다. 고통을 감내하는 인내심을 가르쳐준다.

눈이 오나 비가 오나 뭇 사람들의 손길과 발길에 밟히고 꺾여도 수많은 푸념들을 들어도 참고 견디며 세월의 흐름과 시간의 흐름에 발 맞추어 나갈 뿐이다. 참고 주어진 조건을 스스로 해결하고 있다.

나는 가식 없고, 화내지 않고, 뽐내지 않으며 주어진 조건을 스스로 해결하며 남에게 베푸는 삶을 사는 산에 오늘도 내일도 오르면서 살련다.

겨울나무

나는 일주일에 두 번 큰아들네에게 간다. 맞벌이하는 아들네의 살림살이를 돌봐주기 위해서다.

아내는 세간들을 챙기지만 나는 경상대학교 뒷산 망진산에 올라간다. 오르내리는 산길이 나에게 알맞고, 숲속 그늘진 곳에서 나무의 숨결에 빠져 보는 것이 또한 좋아서 간다.

겨울나무가 좋다. 온갖 풍상을 겪은 탓인지 줄기는 굽었고 껍질에 더덕더덕한 것들이 붙어 있다. 그러나 하늘을 향해 두 팔을 벌리고 쭉쭉 뻗어있는 모습이 흡사 하늘에 경배하는 듯하다.

나무는 잎도, 꽃도, 열매도 본래의 자리로 돌려보내고 빈 모습으로 서 있다. 나는 이런 겨울나무를 사랑한다. 아무 것도 걸치지 않고 서 있는 모습에서 성스러움을 느낀다. 우리들 인간은 얼마나 많은 것들을 걸치고 다니는가? 자신을 드러내기 위한 방편으로 옷을 입은 지는 오래고, 각종 장신구들을 주렁주렁 달고 자기를 과시하고 다닌 지도 오래이다.

내미는 명함에는 지위, 학위, 자격 등 사람이 달고 있는 것은 너무나도 많다. 어느 경우에는 이 과시가 너무나 무거워서 중심을 잡지 못하고 뒤뚱거리고 있다.

우리는 가지지 않음으로서 얻는 자유로움을 일상에서 쉽게 보고 있다. 수백 억을 기부하고서 기뻐하며 안도의 한숨을 쉬는가 하며, 신새벽에 일어나서 찬바람 긴 한숨으로 시장 바닥을 헤매며 모은 전 재산을 "나 보다 더 못한 사람을 위해 써 달라."며 사회에 돌려주는 어느 할머니의 갸륵한 정성에 절로 머리가 숙여진다.

나무는 아낌없이 줄 뿐만 아니라 눈치도 보지 않는다. 어디에 가면 더 많은 양분과 물을 얻을 수 있는지 가리지 않는다. 그저 주어진 땅에 뿌리를 내리고 살아간다. 적당한 거리에서 뻗은 가지와 뿌리들이 서로 도우며 골고루 햇살을 받아 살아가고 있다. 좋은 환경에서 자란 우람한 나무들을 부러워하지 않는다. 그저 자기 분수대로 살아갈 뿐이다.

나무를 제대로 보려면 겨울나무를 보면 알 수 있다. 봄과 여름에는 잎과 꽃이 가리고 가을에는 단풍이 가려서 제대로 된 나무를 볼 수 없다.

그러나 겨울나무를 보라. 잎 피고 꽃 피며 단풍들던 계절의 뜨거운 열기를 나무줄기 속에 차곡차곡 쟁여 놓았다가 우리들에게 자기 몸을 몽땅 내주는 것이 이들 나무들이 아닌가?

이것이 성자의 마음이다. 가슴 속에 있는 뜨거운 열정을 조용히 식히며 침묵 속에 자기를 성찰하는 것이다. 이 겨울 앙상한 가지에 하얀 눈이 면사포처럼 내리면 순백의 아름다움 속에서 아무도 모르게 사랑을 하겠지. 그러기에 새 봄에는 아이 같은 새순이

트고 꽃이 피겠지.

가쁜 숨 고르고 땀방울 닦으며 산을 내려오면서 돈키호테 같은 인간이 막다른 골목길에 이르렀다는 뉴스를 접하면서 씁쓸함을 느낀다.

한국의 춤과 소리

사천문화예술회관에서 정진옥무용단의 '한국의 춤과 소리' 공연 초청장을 아내가 받아 왔다. 영화는 가끔 보았지만 연극이나 춤공연은 본 경험이 없어서 한 번 가보고 싶었다.

사천문화예술회관 캄캄한 공연장 무대의 막은 열리고 갑자기 쿵쿵 새벽을 여는 소리가 큰북 작은북을 타고 내 귓전에 닿으면서 여명이 밝아 왔다.

나라의 발전과 국민의 안일(國泰民安)을 바라는 장엄한 북 소리와 기도하는 마음이 무대 위에 펼쳐졌다.

영혼이 천상에 붕 뜬 느낌을 받으면서 공연장 안을 꽉 매운 북소리와 추임새 소리에 사로잡혀 헤매고 있다.

소박한 여인의 가녀린 손놀림과 아름다운 곡선이 너울지는 한복에 싸여 한과 설움을 온몸으로 토해내고, '아~아 어~이 어어이~' 애절한 추임새 소리와 은은히 들려오는 피리소리, 징소리에 내 몸과 마음이 푹 빠져 버린다.

정진옥 단장은 무용가로 타고난 운명인가 보다. 영상으로 본 그녀의 발자취에 놀랐고, 한 인간의 집념이 위대함을 알 수 있었다. 여섯 살의 어린 소녀의 꿈이 대학 교수의 꿈으로 이어져 후학들을 지도한다는 것에 대한 존경스러움을 감출 수 없다.

몽골까지 가서 숱한 어려움을 겪으면서 터득한 춤사위를 우리들에게 선보일 때 조그마한, 아주 조그마한 체구의 여인네의 집념이 대단함을 느꼈다. 마음 속에 담은 생각과 영혼을 몸으로 행동으로 표출해 냄은 놀라운 예술이었다.

예쁘게 분장한 여덟 선녀들의 모습은 인형 같고 깜찍하여 콕 찔러 보고 싶었으며 현란한 그들의 소고춤에 내 정신 홀딱 빼앗겨 버렸다.

관람석을 휘휘 돌며 사물놀이 우리 가락이 한바탕 소용돌이 칠 때는 관객과 단원이 하나되어 어깨가 들썩이는 민족의 얼이 용트림하고 있었다.

궁하면 통한다

60년대 초에 서예에 입문을 하여 공부를 하다가 개인 사정으로 40여 년을 붓을 놓고 살다가 퇴직 후에 대구 남구의 주민자치학습센터에서 다시 붓을 잡게 되었다. 해서, 행 · 초서의 기초를 익히고 몇 번의 출품도 하면서 보람된 시간들을 보내다가 자식들 따라 삼천포로 이사를 오게 되었다.

아는 사람이라고는 자식들뿐인 객지에서 무엇을 하며 세월을 보낼까 생각을 하니 참 답답하였다. 그냥 체념만 하고 있을 수가 없어서 지역 신문도 보고 이곳 출신 며느리의 조언도 얻어서 여러 동사무소를 찾아가 보았다. 동사무소 마다 많은 프로그램으로 주민자치학습센터를 운영하고 있음을 알게 되었고 그 문을 두드리게 되었다.

대개의 자치센터는 더 이상 받을 수가 없다고 해서 답답하였는데 벌용동 동사무소에서는 요가반과 서예반에 들어 올 수 있다고 해서 고마운 마음으로 혜택을 보게 되었다.

요가반은 20여 명의 여자 회원 가운데 청일점이 된 내가 아마도 많은 여자 회원들에게 이야기꺼리가 되지 않았을까 상상해 보게도 되었다.

노부부가 함께하는 모습을 사람들이 "보기 좋다."고들 하는데 정말일까? "고희의 나이에 잘 하신다."고들 한다. 내가 생각해 봐도 얼굴 두꺼운 노인네가 된 것 같기도 하고, 어떻게 생각해 보면 젊은이들에게 본보기가 되지 않나 싶기도 하다. 더 더욱이 무료로 그 혜택을 주심이 얼마나 고마우며 지도하시는 선생님들의 열정에 감사를 드리는 바이다. 특히 더 고마운 일은 아내의 무료함을 해결해 준 사실이다.

이곳으로 오지 않으려고 거부하던 아내가 주민들과 어울리는 즐거운 시간을 갖게 되어 다행이다. 요즘은 전통 무용, 재즈댄스에도 나가게 되어 생활의 활력이 넘친다. 우리 둘은 월요일부터 금요일까지 꽉 짜여진 시간에 무료할 시간이 없다.

눈을 크게 뜨고 보면 여가의 시간을 즐겁게 가질 수 있는 혜택이 많이들 주어져 있음을 발견하게 되고 우리나라가 국민의 행복지수를 높이는 데 많은 투자를 하고 있음이 눈에 보이며 각 지역 관계자들의 많은 노고의 덕택으로 우리 같은 늙은이가 늙으막에 행복한 삶을 살고 있기도 하다.

나의 행복을 위하고 내가 좋아하는 취미생활과 공부, 그리고 건강을 위한 활동은 찾는 자에게는 찾아지기 마련이며 그곳에는 또한 좋은 만남도 기다리고 있음이야. 감나무 밑에서 입 벌리고 쳐다 보면 홍시가 내 입에 들어오나? 올라가서 따야지!

그렇다. 찾아라! 궁하면 통한다.

살아 생전 사야지

70년대 중반에는 TV 설치를 한 가정이 손가락 꼽을 정도로 매우 귀하였다. 우리 집 아이들이 당시 공전의 힛트 일일연속극 '여로' 시간만 되면 시청하려고 뒷집으로 갔다. 이제 이 집 저 집 간혹 설치하는 집들이 늘어나는 추세였다.

어느 날 친구인 이봉동댁 손자 상대가 "아버지 어머니가 살아 계셨을 때 TV를 샀으면 참 좋았을 걸"하는 넋두리 같은 말을 들었을 때 눈이 번쩍, 귀가 쫑긋하였다. 그래 옳커니, 사야지! 부모님 살아 생전에…….

동료인 조선생에게 다음 달에 계를 타서 주기로 약속을 하고 돈을 빌려 당장 TV를 들여다 놓았다.

아버지가 거처하시는 사랑방에 상자 케이스에 TV를 넣어 설치하고, 지붕 위에 안테나까지 설치하였다.

매일 아이들과 이웃들이 사랑방을 꽉 메운다. 여러 날 이런 현상이 일어나니까 아버지께서 싫어하셨다.

"야들아! 귀찮다. 이것 윗방으로 옮겨라."고 하셔서 부득불 TV를 내 방으로 옮겼다. 노령의 아버지께서는 많은 사람이 방을 차지해서 편히 쉬시는데 불편하셨던 것 같았다.

이웃 사람들은 젊은 부부가 거처하는 방에 오기가 불편하였던지 점차 발걸음이 뜸해졌다. 그래서 여름철이 되면 네 다리를 단 상자 속 TV를 마루에 턱하니 내다 앉히고 현관문 활짝 열고 물 뿌리고 멍석 깔아 이웃들을 기다렸다. 사람들은 TV를 보면서 웃고 탄식하는 소리가 한 마당 가득하였다.

별똥별 흐르고 초승달이 서쪽으로 넘어 갈 즈음에야 이웃들이 "잘 봤다."고 인사하고 하나 둘씩 일어났다.

아, 우리에게도 그런 시절이 있었다. 지금 생각해보면 참으로 우스운 일이 아닌가.

운전면허증

대구 칠곡초등학교 근무 시절에 학교 근처에 있는 운전면허교습소에 십만원을 주고 선생들이 단체로 교습을 받게 되었다. 학과 공부는 스스로 하고 실기 교습은 퇴근 시간이나 틈나는 시간에 받기로 하였다.

교습을 시작한지 2개월 정도 되었을 때 시험을 본다고 하였다. 큰일이었다. 실기는 남이 갈 때 나도 가서 받았다만 학과 공부는 하나도 하지 않았다.

그때는 미송이 결혼시킨다고 퇴근 후는 그 일에 매달려 책 볼 기회를 갖지 못했고, 학교에서는 연구 업무를 맡아 학교 일에 매달려 문제집 한 번도 완파하지 못하고 응시하였다. 결과는 78점, 80점이면 합격인데 낙방이었다. 하나만 남의 것을 볼 것을……. 좀 창피하였다. "선생님이 어떻게 학과에 낙방을 하느냐?"고 학원 선생님들이 속으로 얼마나 비웃었겠나.

다른 사람은 학과 합격하고 실기까지 한꺼번에 모두 합격인데, 나는 학과에도 합격을 못했으니 실기는 그림의 떡이 되었다.

"포기하자. 미송이 결혼시켜 놓고 하자."고 마음의 결정을 하고 일상에 열중을 하였다. 결혼시킨 후 문제집을 두 번 읽고 응시하였다. 98점이었다. 그러나 실기는 낙방이었다.

학교 일 핑계대고 남과 같이 열심히 하지 않은 결과였다. 다음 기회에 또 보자고 마음을 다잡아 먹었다. 그러나 또 낙방이었다. 또 응시했다. 또 낙방이었다. 이때는 한 번 등록을 하면 면허증을 딸 때까지 계속 교습을 시켜주던 시대였다. 에라, 모르겠다. 넉넉한 시간에 하자고, 겨울 방학 때 하자고 마음먹고 교습소 앞으로 출퇴근할 때마다 다짐을 하였다.

코스는 금방 합격을 하는데 장거리에 자꾸 걸렸다. 그 중에도 등반과 시간 초과에 걸려들어서 등록한지 약 10개월, 다섯 번만에 비로소 합격 소리를 들었다.

봄에 시작을 해서 겨울에 운전면허증을 교부받았다. 사진을 제출하고 등록비 내고 난 뒤 면허증 교부받을 때까지 시간이 무척 기다려졌고, 면허증 받는 날은 날아갈듯이 기뻤다.

면허증은 땄다만 차는 언제나……. 씁쓸한 발걸음을 옮기고 있다.

발가벗어라!

아내는 자꾸 "발가벗어라."고 한다. 벗어 봐야 수술한 흔적 외에는 아무 것도 없고, 달린 것, 튀어 나온 것, 털난 것뿐이며 울퉁불퉁 근육질뿐인데 뭘 자꾸 "벗어라."고 하는지?

내 마음은 거울처럼 깨끗하고 맑고 순수한데, 뭐 벗어 볼 것이 있어야지. 옛부터 가지고 있는 것 그대로인 나에게 아내는 "나는 당신의 껍데기만 보고 지금까지 살았다. 헛살았다. 헛살았어."라고 몸부림이다.

2007년 초 여름 어느 날 전화 한 통을 받고 그 친구가 머무는 경주까지 가서 만나보고 집에 돌아 와서 내 감정을 적은 '당신 마음 내 마음이'란 한 편의 글을 책상 위에 둔 것을 아내가 읽어 본 것 같았다.

"그리움과 기쁨이 전화통 붙들고 줄 타고 날이 왔다(……).

매력적인 눈매, 착한 마음씨 어릴 적 예쁜 모습 그대로 이겠지(……).

꽃송이 한 송이 내 마음 받치는 내 손을, 정겹게 잡는다. 보듬는다(……).

철부지 순진함 영원히 아름답게 간직한 채 살자고 마음 다짐하련다(……)."의 내용을 문제로 삼아서 나의 마음을 몹시도 아프게 하였다.

어릴 때 잠시, 그것도 아주 잠시 사귀다가 상급 학교로 진학을 하면서 헤어진 여자 친구에 대한 내 마음을 적은 것이었다.

"십대 초반의 나이에서 고희가 된 지금 그녀와 내가 무엇을 하겠으며 먼 나라에 가서 가정 꾸리고 살고 있는 그녀와 내가 무슨 염문(艶聞)을 만들겠나? 오직 글 쓰는 것을 좋아하는 사람이 어릴 때 간직한 순수한 마음만을 갖고 오늘을 살자는 생각을 숨김없이 표현했을 따름이며 정말 당신 마음에 상처 줄 생각이나 행동을 했다면 만나고 와서 있었던 이야기며 글짓기장을 책상 위에 두지 않았을 것이다."라고 진지하게 말을 해도 아내는 막무가내이다.

전화 소리만 따르릉해도 신경을 곤두세우는 아내의 모습에서 고희의 나이에도 사랑의 질투는 있는 것임을 알게 되었고, 또한 말해주고 있다.

나는 참 행복한 남자라는 것을 느끼면서도 한편으로는 아내에 대한 서운함이 앞선다. 그토록 남편을 사랑한다면 미국으로 떠나기 전에 한 번 만나 볼 수 있는 기회를 만들어 어릴 적의 우정을 나누어 보게 했음이 더욱 남편을 사랑하는 넓은 마음이 아닐까? 하고 물어 보고 싶으며 안타까운 마음이다.

만나 보는 것은 고사하고라도 전화라도 불편 없이 하도록 하여 주었으면 하는 마음이 더더욱 안타깝다.

나는 충분히 발가벗고 있다. 어떠한 변화도 바라지 않으며 바랄 여건도 아니다. 어릴 적 순수함에 젖어 그 순수함을 느껴보려는 것뿐이다.

퓨쉬킨은 "괴로웠던 일이나 즐거웠던 일이나 정녕 아름답기만 하고 흘러간 모든 것은 전부 용서가 된다. 세월이라는 명약은 상처로 얼룩졌던 자리를 흔적도 없이 깨끗하게 지워주며 우리를 토닥거리면서 위로해 준다."고 하지 않았던가.

아내여, 갈 날이 가까워 오는데 잠시나마 내 마음이 옆길로 흘렀다면 이해해주세요. 애처로워하며, 못난 것도 묻어주며 삽시다. 아옹다옹도 몇 년이 아니겠지요. 토닥거려주며 즐겁게 삽시다 그려.

방귀가 목욕을 못하게 하네

오늘도 여느 주일과 마찬가지로 청도 용암온천에 갔다. 출발할 때부터 배가 좀 이상하다고 생각을 했지만 개의치 않고 차를 몰고 어둠을 헤치며 시원한 여름의 새벽을 달렸다.

아니나 다를까 옷을 벗고 계단을 오르는데 '뽕' 이었다. 얼마나 당황했는지 얼른 뒤돌아 보았다. 이른 시간이라서 다행하게도 아무도 없었다. '창피하게 왜 방귀가…?' 중얼거리면서 샤워를 마치고 물 속에 들어갔다.

'뿌 우 우 웅' — 제법 길게 나왔다. 속이 시원했다. 할 수 있는 데로 길게 터트렸다. 물 속이라 소리가 들리지 않기 때문이다. 물방울은 부글부글 올라왔지만 온천물의 물너울인지 방귀의 너울인지 방귀를 뀐 당사자가 아니면 다른 사람들은 알 리가 없다.

나는 애써 모른 척하고 고개를 뒤로 하고 눈을 지그시 감고서 온천을 즐기며 한참을 있다가 나오는데 이놈이 또 나오려고 하지 않는가.

얼른 괄약근을 꽉 조여 잰걸음으로 내가 단골로 앉는 자리까지 와서 의자에 앉아 엉덩이를 비볐다. 속이 시원하지 않고, 밑이 좀 무거웠다. 다른 사람들이 눈치를 챘는지는 모르겠다만 좀 창피하였다.

황토방 사우나실에서 또 '뿌~웅', 들어가서 체 10초도 안되었는데 나와 버렸다. 냄새는 나지 않는다만 앉아 있기가 창피해서 "미안합니다."하고 인사하고 나와 버렸다. 다른 날이면 5분은 너끈히 있다가 나오는데 그냥 나와 버렸으니 목욕을 망쳤다.

몸 씻고 대온천탕, 때 씻고 황토방, 침대에서 쉬고 습식 사우나탕, 찬물탕, 노천탕, 미온탕, 족욕탕, 수면실, 바디 풀, 안개탕, 또다시 몸 씻고, 나와서 몸 닦는 것이 내가 즐기는 온천욕의 순서인데, 마지막 몸 닦는 순간에도 '뿡' 이고, 내려오는데 '뿡~, 뿡~' 이다.

기가 막혀 웃음이 절로 났다. 뒤로 돌아보니 한 분이 빙긋이 웃으면서 따라 내려오고 있었다.

"미안합니다."

얌체와 우둔이

추석 차례를 준비하기 위해서 나이스마트 수성점에 갔다.

손자가 잠을 자기에 아내 혼자 점포 안으로 들어가고 나는 손자를 지키고 차 안에 있었다.

쇼핑 카트를 끌고다니는 사람, 바구니를 들고다니는 사람, 비닐 봉지에 넣어 다니는 사람 등 움직이는 모습들이 각양각색이다.

20대 후반 아니면 30대 초반의 한 여인이 쇼핑 카트에 물건을 가득 싣고 자기 차 뒤에 세워두고 트렁크 속으로 물건을 옮겨 싣고 있었다. 지나는 차들이 여간 불편하지 않은 것 같다.

한 여인은 무척 애를 먹고 빠져 나간다. 자기 차쪽으로 바싹 당겨 놓고 옮기면 지나는 차들에게 아무런 불편을 주지 않을 텐데 멀찌감치 두고 옮기는 그 양심, 남을 배려 할 줄 모르는 몰염치, 지나는 차들의 운전자들은 모두 한마디씩 했으리라.

나도 저절로 "허허 그 참."이라는 말이 나오는 순간 비양심의 발로가 극치를 이루고 있었다. 더 가관은 사방을 두리번거리더니 다른 사람 차 앞에 그 쇼핑 카트를 밀어두고는 가 버리지 않는가! 행동하는 모습이 뭔가 머뭇머뭇하다가 운전대에 오르는 것을 보면 미안한 마음은 조금 남아있는 듯도 한데……. 그냥 가 버렸다.

조금 뒤에는 내 옆의 차 주인이 쇼핑 카트를 끌고 왔다. 한 60대로보이는 노부부이다. 이 분들은 사용한 쇼핑 카트를 남자가 제자리에 갔다 두고 운전대에 오른다. 모두가 이 분들과 같으면 이를 모우는 직원이 고생하지 않아도 될 것을 늙은이 보다 젊은이가 더 얌체인가 보다. 흩어놓은 쇼핑 카트를 모우는 직원이 또 웃기고 있었다.

출구쪽에 있는 것을 입구쪽으로 밀고 오면 될 것을 입구쪽에 있는 것을 출구쪽으로 밀고 가서 다른 것과 함께 다시 입구쪽으로 밀고 오면서 끙끙거리는 우둔함을 보고 절로 웃음이 났다.

이런 저런 생각에 잠겨 한참을 해매고 있는데 손자가 깼다. 아내도 마침 오고. 가야지. 시동을 걸면서 모든 중생들아! 내가 하는 행동이 남에게 해를 끼치지 않을까 먼저 생각하는 마음과 모든 일을 현명하게 처리하는 지혜를 갖자고 말하고 싶다.

층층만층 구만층

*

사람의 유형을 보면 '꼭 있어야 할 사람, 있어도 좋고 없어도 좋을 사람, 반드시 없어야 할 사람"의 세 부류로 나누어 본다면 나는 어느 부류에 속할까? 다시 한 번 생각의 시간을 가져 보자.

*

양치하면서 계속, 비누칠하면서도 계속, 물 빼는 양심 불량자.

물 솟아오르는 탕 안의 온천물에 눈감고 즐기는 얼굴 두꺼운 얌체족.

샤워 물 틀어놓고 그대로 가 버리는 무심한 방관자.

탕 주위에 앉아서 때 씻고 비누칠하고, 누워서 쉬는 곳 놓아두고, 탕 바닥에 누워있는 사람.

샤워 물 잠궈주고, 앉았던 주위 정리하고 일어서는 사람.

그런대로 욕탕에서 양심을 볼 수 있다.

*

없는 사실을 사실인 것처럼 꾸며 흑색 선전하는 사람.
먹고도 안 먹은 것처럼 시치미를 떼는 사람.
조금 먹고도 많이 먹은 것처럼 허풍을 떠는 사람.
모르면서도 아는 것처럼 날뛰는 사람.
자기 흉은 모르고 남의 흉만 보는 사람.
가 보지도 않고 가 본 것처럼 목청 높이는 사람.
없는 것이 있는 것처럼, 있는 것이 없는 것처럼 생활하는 사람.

*

침 뱉고, 가래 뱉고, 아파트 복도에서 담배 피워 남에게 냄새 나게 하고, 꽁초 버리는 비양심의 소유자, 나만 알고 남을 모르는 이기주의자. 아파트 소음에 아래 층 불편모르는 사람, 공동주택에 짐승 기르는 사람.

*

놀던 자리 치우고, 신호등 지키고, 줄서서 기다리고, 차선 지키고 나이 많은 사람 앉히고, 젊은이는 서고, 없는 사람 돕고, 불편한 사람 돕고, 굶주린 사람 배불리고, 헐벗은 사람 입히고, 불쌍한 고아 입양시켜 함께 사는 사람 있고, 남의 말 좋게 하고 나보다 남 먼저 생각하는 사람 있어 세상은 굴러 가는가 보다.

배려하는 삶을 살자!

한글사전에서 배려(配慮)를 찾아보니 "골고루 마음을 씀"이라고 정의하고 있다.

우리는 주변에 있는 모든 사람들에게 골고루 마음을 쓰는 삶을 살고 있는지 한 번 돌이켜 보는 기회를 가져 보자. 배려하는 마음으로 집안과 이웃을 대하면 화목하고 정다워져서 사회가 명랑하게 되고, 다툼이 없는 이웃이 될 것인데, 그렇지가 않으니 안타깝다.

정치판이 국민을 피곤하게 만들고, 노사가 다투고, 거리와 골목에는 쓰레기가 쌓여서 비양심의 냄새가 코를 찌르며 차창 밖으로 던져지는 비양심 또한 만만치 않으니 우리의 공동체 의식은 멍들어 가기만 하고 비난의 소리가 커져만 가고 있다.

또 왜곡된 보도는 우리의 눈과 귀를 아프게 하고 비방하는 글이 인터넷에 난무하고 있으니 매우 짜증스럽게 만든다.

모두가 배려의 마음이 부족한 결과이며 자기만을 생각하는 욕심의 발로에서 오는 그릇된 행위라는 생각이다.

남을 배려하지 않는 행동의 뒤안에는 수많은 고통이 나에게도 따라 온다는 사실을 인지함이 필요하다고 보며 내가 일으킨 소음, 수질, 대기 등 환경오염은 나와 이웃을 멍들게 한다는 사실을 환기시켜 주고 싶다.

"남의 눈에 눈물 나게 하면 내 눈에는 피눈물이 난다."는 고언의 말씀으로 안하무인(眼下無人)을 일깨워주고 싶다.

남의 입에 오르내리는 삶을 산다는 것은 정말로 불행한 삶이 아닐까?

우리가 살고 있는 도시의 곳곳에 새로운 공동주택인 아파트들이 많이 들어서고 있는데 심히 우려스럽다. 편리함을 쫓아 아파트에 입주해 보니 여간 고통스럽지가 않다. 상하좌우가 모두 내 집과 이어져있어 생활소음으로 이웃간에 다툼이 많이들 일어나고 있으며 견디다 못해 이사를 가기도 하는 것이 현실이다.

아침 일찍, 저녁 늦게 버리는 물소리, 쿵쿵거리는 소리, 기계가 돌아가는 소리 등 여러 가지 소음이 아래층에 사는 사람들에게는 얼마나 많은 고통을 주고 있는지 한번 생각을 해 보고, 처지를 바꾸어서도 한번 생각을 해 보는 배려하는 마음을 발휘해 보라고 권하고 싶다.

위층에 사는 분들은 아래층에 있는 사람들이 어떨까를 먼저 생각 해보는 배려하는 마음이 공동주택에서는 매우 중요한 것이며 민주시민의 자질이다.

일상적으로 시도 때도 없이 나는 소리가 아니고 일시적인 현상일 때는 좀 참아 주는 아량도 필요 한 것이다. 공동주택에서는 제일 중요한 것이 낮 시간의 소음 문제보다 이웃이 잠든 밤 시간의 소음 문제가 매우 심각하다.

최소한 아침 6시 전과 저녁 10시 이후에는 소음을 발생하는 일들은 삼가는 것이 공동주택에 사는 분들의 옳은 양심이며 인간으로서의 도리이다. 이곳에 살고 있는 이들의 보편적인 관행이며 생활 규범이다. 다시 말하면 공중도덕이 여기에 존재하는 것이다.

서로가 서로를 먼저 생각하고 골고루 마음씨를 쓰는 분들이 이웃하고 있으면 따뜻한 이웃이, 정다운 이웃이 되리라 믿어 의심하지 않는다.

사랑과 존경의 마음이 없고 천상천하(天上天下) 유아독존(唯我獨尊)의 자세로 삶을 산다면 배려의 마음은 존재를 하지 않는 법이다. 경천애인(敬天愛人)의 마음으로 배려하는 삶을 살자.

자식 이기는 부모 없다

“품 안에 자식이지 품 밖은 자식이 아니다. 애물단지이다. 어릴 때 사랑스럽고 귀엽지 크면 부모 마음 상하게 하는 것이 자식이다.”라는 말씀을 옛 어른들로부터 많이 들었다.

아프면 날밤 새며 간호하고, 칭얼대는 밤이면 업고 지새우는 것이 다반사요, 당신은 배가 고파도 자식 입에 먼저 넣어주시며 배불러하시는 것이 부모이다. 눈에 눈꼽이 끼면 손으로 닦아 주시는 것이 아니라 혀로 핥아주시던 분이 바로 우리네 부모님이셨다.

자식은 부모의 전부이며 모든 사랑을 하나 아낌없이 주시는 것이 부모이다. 배불리 먹이고 잘 입혀 돌려 세워 보면서 내심 기뻐하시는 것이 부모 마음이다.

부모는 항상 자식 잘되기를 바라며 자식을 위해 산다고 해도 누가 탓 할 사람은 없겠지? 남 보다 앞선 실력으로 좋은 학교 보내서 행복한 삶을 터주려고 애쓰는 부모의 정성에 자식이 따라주지 못할 때의 부모의 심정을 어느 자식이 알아주겠나?

재수, 삼수하다 포기하는 자식을 보고 마음 아파하지 않는 부모가 어디 있으랴. 무한 경쟁 시대에 어떻게 살아남을까 걱정이 태산이다. 그러나 욕심을 버려라! 부모의 욕심대로 안 되는 것이 자식이다. 공부고 취직이고 혼사고 모든 일상들이 부모 마음대로 안 된다.

자식은 부모의 소유물이 아니다. 하루가 다르게 급변하는 시대에 남과 더불어 살아가는 방법을 일러주고 자기 할 일을 스스로 하고 고마움과 기쁨을 누릴 줄 아는 심성을 갖도록 하는 것이 오늘날의 부모의 역할이 아닐까?

갓 태어난 나방의 수분을 인위적으로 말려주면 그 나비는 날지를 못하고 주저앉고 말지만 수많은 날개짓으로 스스로 수분을 말린 나비는 하늘 높은 세상을 훨훨 날아가는 것이 자연의 섭리이다. 즐거움과 행복은 멀리 있는 것이 아니고 내 안에 있으며 내가 만드는 것이다. 누가 밖에서 가져다주는 것이 아님으로 자연의 섭리대로 살도록 한 번 내버려 둬 보자!

억만장자라고 모두가 행복한 것은 아니며 최고의 자리에 있다고 모두가 안락한 것도 아니다. 많이 배웠다고 모두가 훌륭한 사람이 되는 것도 아니다. 최고가 아니고 가진 것이 없어도 행복의 길이 무엇인지 부모가 보여 줄 사랑이 가득한 가정이 필요하다.

"마음을 바르게 하고 뜻을 참되게 하면, 모든 일이 잘 되며, 자기를 이기는 자가 강한 자이며 있는 힘을 다하면 반드시 일어선다(正心誠意 心情事達 自勝者强 力盡必起)."는 성현들의 말씀을 되새겨 봄이 어떨까?

적을 알고 나를 알면

공직은 어디에 근무를 하나 비슷한 업무라서 능률 향상을 위해서는 정기 인사 이동제도가 필요하지만, 기업체는 기술력 향상으로 기업 이윤을 챙겨야 하기에 필요할 때, 필요한 곳에, 필요한 사람을 배치하는 것이 인사의 기본이다.

한 곳에 몸담다가 승진을 하면서 처음으로 직장을 옮겨 가족과 멀리 떨어져 생활하게 되는 직장인들에게 혹시나 도움이 될까 이 글을 써 본다.

정들었던 직장을 옮길라치면 마음이 좀 울적하고 허전하게 되고, 첫 밤을 맞이하려고 자리에 누워보면 더더욱 가슴이 답답해지고 외롭다는 감정이 앞설 것이다.

그러나 '환영회다, 과 단합대회다' 하면서 한바탕 인사 잔치를 하고 나면 차차 마음에 안정이 오고 곧 본 궤도에 오르게 된다.

이것이 인생이 살아가는 하나의 과정이고, 삶을 터득해 가는 길이다. 보다 나은 미래를 여는 첫 걸음이라면 하루 빨리 적응하는 길을 모색함이 좋을 것이다.

첫째, 나 자신과 상대를 아는데 게을리하지 말라고 권하고 싶다.

손자병법에 "적을 알고 나를 알면 백번을 싸워도 결코 위태롭지 않으며(知彼知己百戰不殆), 적을 모르고 나만 알고 싸운다면 한번 이기고 한번은 지고(不知彼而知己一勝一負), 적도 모르고 나도 모르고 싸운다면 싸울 때마다 반드시 진다(不知彼不知己每戰必敗)."라고 하였다.

나는 첫 인상이 남에게 어떻게 비칠까? 내가 사용하는 말의 뉘앙스는, 직원을 대할 때의 나의 몸자세는, 일을 처리 할 때의 맺고 끊음이 확실한가. 공과 사를 확실히 구분하고 있는가. 내 몸가짐과 일의 처리가 남에게 흠 잡힐 것은 없는가, 직장의 모든 상황을 시의적절하게 파악하고 있는가 등등의 나에 대한 정보를 먼저 알고 오늘에 임하면 좋을 것 같다. 또한 나와 함께 일하는 직원들의 신상을 파악하여 희로애락을 함께하는 직장인이 되고, 상사가 되어 즐거운 마음으로 출근을 하게 되는 직장 만들기에 노력함이 필요하다. 상대를 알고 업무 처리를 하면 업무가 매끄럽게 될 것이라는 확신에서 하는 말이다.

둘째는 '사람 좋다'는 이야기를 듣는 것이 내 주변의 후원자를 많이 확보하는 길이라고 생각한다.

그러나 너무 좋으면 상대로 하여금 내 허점을 보여주게 되어 동료들 입방아의 대상이 되는 지름길이 될 것이고, 높은 자리에 오르면 오를수록 직원들 눈총의 대상이 되므로 외로워지는 법이다. 이는 내 몸가짐과 언행을 바르게 하고 항상 부드러운 몸자세를 가져야 한다는 암시이다.

셋째는 업무에 밝고 언행이 바른 사람이라는 평가를 받도록 함이 승승장구하는 길이며 윗분들에게 보다 더 신임을 받는 길이 아닐까 생각한다.

팀장이나 부장으로 승진을 할 때쯤에는 불혹에서 지천명의 연령대가 주류일 것인데 건강을 챙겨 직장의 능률 향상에 이바지 하려면 무리한 모임이나 무모한 행동은 건강을 해칠 염려가 있으니 조심을 하라고 마지막으로 권하고 싶다.

건강이 좋을 때 건강을 챙기고 건강을 잃은 후에 챙기려고 하면 때는 이미 늦는 법이며 건강해야 내 일에 최선을 다 할 수 있는 길이 보이는 법이다.

나를 이겨야 된다

끽연자라면 누구나 한번쯤 담배를 끊으려고 시도해 볼 것이다. 그러나 니코틴의 중독성 앞에 무릎을 꿇고 담배에 다시 손을 대고 만다. 담배가 가진 니코틴의 중독성은 마약과도 같아 견디기 힘들기 때문이다.

건강에 좋지 않고 가격도 만만치 않는데 담배를 피우는 이유는 니코틴의 탓만은 아닐 것이다. 흡연은 여러 감각을 아우르는 행위이다. 손에 담배를 들고 있는 느낌, 담배의 멋, 연기의 모양과 냄새 등에서 만족을 느낀다. 또한 다른 흡연자들과 함께하는 즐거움도 빼놓을 수 없다.

나와 같은 경우는 아무 것도 모르고 어린 시절 다른 아이들이 피우니까 철없이 따라서 해 본 것이 지천명을 훨씬 넘긴 세월까지 피울 줄이야 누가 알았겠나.

주위에서 "담배 끊어라! 냄새 난다. 집 밖에 나가서 피워라."라고 핀잔을 주지만 그 때 뿐이고 안 되었다.

화장실에, 차 안에, 집 안에, 사무실에 흡연자가 있는 곳에는 담배 냄새가 있기 마련이고 이를 싫어하는 가족과 이웃들이 있지만 마이동풍(馬耳東風)이다. 금연을 해야 한다는 생각을 가지고 실천해 보면 정말로 어렵다.

내가 담배를 끊은 지도 7년째로 접어들었다. 그러나 가끔 유혹에 끌릴 경우도 있었다. 금연은 먼저 주위를 정리해야 한다. 내 주머니에, 사무실에, 차 안에, 집에 담배를 두지 말고, 가지고도 다니지 말아야 한다. 어디든지 담배가 없어야 한다.

다음으로는 가까이 있는 동료나 직원, 가족들에게 금연을 시작했다는 사실을 알리고 협조를 당부해 두는 것이 중요하다. 또, 얻어 피우려는 마음에 수치감을 줄 수 있는 장치가 필요하며 피우고 싶을 때 그 욕망을 억제할 수 있는 준비물이 마지막으로 필요하다.

니코틴 보조 치료제(패치, 껌), 사탕, 은단, 과일 등 흡연의 욕망을 일으키는 신경을 자극해서 금연을 돕는 물품을 가지고 다니는 게 중요하다.

나의 경험으로 봐서 이러한 방법들이 도움은 될 수 있지만 금연 성공의 길은 아니었다. 일상에서 얻을 수 있는 심리적 전환점이 있어야 한다.

금연 시작 3일 만에 담배가 피우고 싶어서 집안 구석구석을 뒤지다가 화장실의 재떨이에 2센티도 안 되는 꽁초를 발견하고 기뻐서 불을 붙이고 한 모금 빠는 순간 입술에 뜨거운 열기가 바늘로 찌르듯 매섭게 찔러서 그만 꽁초를 놓치고 말았다. 이놈의 불이 하필이면 내려진 바지 사이로 들어가서 허벅지를 따갑게 만들었다.

"아이고, 아이고 뜨거워!"

안절부절하는 내 모습이 가족들 눈에 비칠까 조심하면서 손가락 불고 입술 깨물면서 나왔다. 그 순간 내 자신이 너무나 초라하고 비참하였으며 자괴지심(自愧之心)이 나를 내동댕이쳤다.

화장실의 재떨이도 그날로 치워 버리고, 성냥, 라이터도 모두 버렸다. 또 입술을 깨물면서 마음을 다잡고 있었다.

7년째인 지금도 술자리에 앉거나 분위기에 접어들면 니코틴의 유혹이 나를 흔들지만 입술 대인 자괴감을 떠올리면서 참고 있다. 얼마든지 참을 수 있으니 지금은 성공했다고 큰 소리 치고 싶다.

무엇보다 금연은 누가 뭐라고 해도 안 되며 나에게 행동의 전환점이 일어나야 되며 "나를 이겨야 된다."고 말하고 싶다.

친구들이 "너, 참 독하다. 어떻게 담배를 다 끊었느냐?"고 하면 "조디* 대어서 뗐다."고 하면서 한 바탕 웃는다.

---

* 입의 사투리

건강을 지켜라

사전에서 건강(健康)을 찾아보니 "몸이 튼튼하고 병이 없음"이라고 적혀 있다. 나는 여기에 마음도 함께 튼튼해야 진정한 건강인이라고 보태고 싶어진다.

평소 나의 자손들은 건강이 나쁘거나 심성이 곱지 않아서 부모의 마음을 상하게 하지는 않지만 술과 담배 때문에 마음이 편하지 않을 때가 가끔 있다. 혹여 술이나 담배 때문에 건강을 해칠까 걱정이 되어 "과음하지 마라. 담배 끊어라"고 아들과 사위에게 가끔씩 주의를 환기시킨다.

큰 사위는 술 담배를 다 하지만 절제를 잘하는 편이라 큰 걱정은 없다만 담배가 과하고, 큰 아들은 술 담배를 다 하다가 담배를 끊어서 다행이지만 술을 많이 하는 편이라 걱정이고, 둘째 사위는 술, 담배 모두 안 하니 걱정이 없고, 막내는 술은 안하지만 담배를 피워서 걱정이 된다.

이들에게 평소에 내가 하는 말이 "건강이 좋을 때 건강을 지켜야 하며 올바른 사회인이 되려면 아량이 있어야 하고, 몸과 마음에 허점을 보여서는 안 되며 동료들에게는 이 사람은 우리 회사에서는 꼭 필요한 사람이며 없어서는 안 될 사람이라는 노하우를 갖도록 하라."고 당부를 한다.

술은 알맞게 먹으면 약이 되고 과음을 하면 병이 되며 담배는 백해무익이라는 사실을 알고들 있을 것이다. 불혹과 지천명에 다달은 이들에게 내가 권해서 될 일이 아니고 스스로가 깨닫고 술과 담배의 유혹에서 헤어나야지 문제가 해결될 것인데 그게 참 어려운가보다.

담배를 끊고 술의 양을 줄이는 데는 자기에게 무서운 사람이어야 한다. 다시 말하면 "자기 자신에게 이겨야 한다(自勝自强)". 남이 권한다고 되는 일이 아니다. 이들에게는 주어진 책무가 막중하다. 부모로서의 책무와 자식으로서의 책무, 국가의 녹을 먹는 회사원으로서의 책무를 충실히 해야 하는 시기인데 건강이 나빠져서 피해를 주게 되면 엄청난 불행이 닥쳐 올 것이며 지금의 위치와 현 시점에서의 허점은 앞으로의 진로에 크게 영향이 있음을 깨달아야 하고, 건강에 조심할 때임을 명심하여야 한다. 한 번 건강을 잃으면 모두를 잃는 다는 것은 엄연한 사실임을 명심 또 명심하여야 한다.

부모 형제의 연(緣)은 천륜인데 어떻게 하여도 끊을 수는 없지만, 사회의 연은 불리하거나 필요가 없을 때는 무참히 짓밟고 내버린다는 냉혹한 사실을 알아야 한다. 항상 나의 옆 사람은 나라는 사람을 항시 주시하고 허점을 노리고 있음을 잊지 말아야 한다.

동료들에게 좋은 사람이라고 듣는 것은 좋다만, 너무 좋으면

무능력한 사람에 속하는 법이며 좋지 않은 모습이 쌓이고 쌓이면 나에게 돌아오는 것은 따가운 시선이다.

주위 사람들에게 마음씨 좋고, 능력 있고, 예의 바른 사람이라는 평은 주변 후원자가 되며 사회생활의 자산이 됨을 명심하고 행동하길 간곡히 당부한다. 내가 하는 일련의 행동들이 항상 내 주변 가족들에게 어떤 고통을 주는지 생각해 보는 아량을 가져야 한다.

퇴근을 늦게 하는 날이면 아내가 얼마나 안절부절인지? 아이들은 어떤 생각을 하는지? 아이들은 부모의 행동을 보고 배운다고 하지 않는가? 항상 열려 있는 생활 공간에서 부모를 닮고 커가고 있다.

담배는 끊고, 술은 먹지 마라고는 하지 않으며 일찍 오라고도 하지 않는다. 알맞게 먹고 탈 없이 집에 오라고 당부하고 있다. 주사가 있어서 가족이나 다른 사람들에게 지탄을 받는 행동을 하지는 않지만, 혹여 실수를 할까봐 걱정이다. 술자리에서는 약게 놀아라. 잔을 드는 시간을 길게 잡아라. 자주 들더라도 입만 대어라. 경우에 따라서는 상 밑에 큰 그릇을 두고 비워라. 설령 들키더라도 상대는 고깝게 생각하지 않을 것이다. 건강을 지키려는 행동임을 보여 주는 일이니까.

먼저 일어나는 과단성도 보일 필요가 있고, 일차적으로 자리를 뜨는 분들과 함께 자리를 뜨는 민첩성도 보일 필요가 있고, 끝까지 자리에 있지 않아도 될 자리이면 과감히 일어나고. 나의 연령도 돌아 볼 필요도 있다.

건강은 건강할 때 지켜야 한다.

새벽을 여는 사람들

해변 마을에 살지만 아직까지 새벽시장을 나가서 새벽시장의 참 모습을 보지 못 했다. 오늘은 마음먹고 모두가 잠들어 있는 시간에 삼천포 서부시장에 가 보기로 하였다.

칼바람을 맞으며 새벽 조업에서 돌아 온 어민들이 위판장으로 고기를 나르느라 정신이 없다. 노란 소쿠리, 붉은 다랑이마다 문어, 물매기, 가오리, 돔, 민어, 우럭, 숭어, 장어 등등의 고기들이 꽉 들어차고 경매인들의 경매 소리와 손짓에 어둠이 짙은 삼천포의 하루가 시작된다. 낙찰받은 활어를 일초라도 빠르게 수족관에 보관하려고 상인들의 발걸음이 빨리도 움직인다.

경매장의 바닥은 물 천지이다. 한 켠의 선어장(鮮魚場)에서는 숱하게도 많은 고기들이 숨을 거두고, 시간에 맞추어 경매에 참가하려고 늙은 어부도 능숙하게 손질을 하고 있다.

매일 같이 새벽을 열었다는 늙은 어부도 이곳에서는 청춘이다. 구경 간 내가 걸리적거릴 정도로 경매장의 새벽은 바쁘게 돌아가고, 새벽 조업을 끝낸 어선들은 휴식을 취한다. 커피 한 잔으로 추위를 달래며 고즈넉하게 앉은 아낙은 동이 틀 무렵에 남편을 따라 다시 바다로 나갈 만선의 꿈을 꾸고 있는지도 모른다.

시장의 골목을 들어서면 환하게 켜 둔 불빛 아래에서는 새벽을 파는 여인네들의 손놀림이 현란하게 움직인다. 포를 만들고, 뼈를 골라내는 솜씨는 달인의 경지에 이르렀고, 손질하는 모습에서 삶이 보인다. 손님의 눈에 들도록 가지런히 고기를 진열해둔 모습에서 정성이 엿보인다.

나무개피 활활 타오르는 난로에서는 삶의 열기가 뜨겁다. 더 큰 길로 접어들면 포장된 도로에는 농심이 움직이고 있다. 트럭에서, 손수레에서, 보따리들이 내려지고 셈이 끝나면 또 다른 트럭에, 손수레에 보따리들이 실려지고 있다. 파, 배추, 밤, 양파, 무, 상추, 오이, 깻잎, 고추들이 먼 길 갈 채비를 하고 있으며 위판장의 활어차는 엔진 소리 요란하게 바닷물을 가득 담아 전국으로 떠나고 있다.

경매장에서 한참을 걸어오면 길목마다에는 꽁꽁 언 고기들이 길 바닥에 널브러져 있고, 모락모락 피어오르는 이동 커피는 서부시장의 상인들을 따뜻하게 감싼다.

새벽 식당에서 풍겨 나오는 구수한 된장국 냄새가 코를 자극할 즈음 많은 손님들이 새벽을 찾고 있으며 옷 가게도 문을 열고, 그릇 가게도 문을 열며 회를 떠주는 가게에는 도마내고 칼 갈며 부산하게 오늘을 준비하고 있다.

새벽을 여는 분들의 기를 받아서 그런지 나도 모르게 힘이 솟는다. 내 자신이 심연에 가라앉아 더 이상 떠오를 수 없을 때는 새벽을 여는 사람들을 찾아보라고 권하고 싶다.

안 보여주고 안 들려주면 안 되나?

"이놈의 텔레비전 안 보면 안 되나?" 뉴스 시간에 "국회가 하는 짓거리들이 보기 싫어서 채널을 다른 곳으로 돌려 버리기도 하고 아예 꺼버린다."고 말하는 이들이 부지기수이며 이것이 우리 국민 대다수의 마음이다.

거실에도 안방에도 아이들 방에도 사무실에도 돌아서면 텔레비전인데 안 보고 안 들을 수야 있나. 봐지지. 모두가 싸움판이니 짜증나지. 짜증 안나나?

보이는 것이 단상 점거하여 밀치고, 당기며 삿대질하고, 부수고, 앙칼지게 고함지르는 여성 국회의원들의 모습이니 너무나 보기 싫다. 이런 작태들을 안 보여주고 안 들려주면 안 되나? 인상들은 모두가 우거지상이요 성난 인상들이니 정말로 보기 싫다.

국회 해산해 버리자는 마음들이 목 밑까지 꽉 차 있다. 이것이 우리 국민들의 성난 마음이다.

돌격대는 모두가 윗분들에게 잘 보여서 다음 공천을 바라는 경력이 미천한 분들이니 나를 위한 몸부림이지 국민을 위한 몸부림인가?

가슴에 손을 얹어놓고 진정으로 반성 한 번해 보자! 국민은 바보 멍청이가 아니다. 국민의 바람이 무엇인지 모르고 입만 나불나불 "국민을 위한다."고만하는 얌체가 누구인지 보고 있고 잘 알고도 있다.

민생 법안을 담보로 예산 통과를 늦게 하고, 통과도 안시켜주면 나라 살림 어떻게 하라는 것이며 국민들은 어떻게 살라는 것인가?

한 예로 대학생들이 직격탄을 맞아다가 살아났지만, 진정성을 가지고 국정을 논의하는 자세가 필요하다. 바보들의 모임이 아니잖은가?

예산을 깎던 수정을 하던 무슨 결단이 있어야 할 것 아닌가? 세비 올릴 때의 정신으로 나라와 국민의 일을 걱정 좀 하면 안 되나? 세비 올릴 때는 한 마디의 군소리도 없이 잘도 올리더구나.

보도기관들은 보도 멘트를 한 번 바꾸어 보자. 볼썽 사나운 꼴들일랑 한 번의 보도로 끝내고, 여당이던 야당이던 국민을 위하는 좋은 일이라면 동의해 주고 찬성해 주고 박수 쳐주는 의원들의 모습 많이 보도해 주면 오늘의 꼴불견은 사라지지 않을까? 보도기관이 앞장서서 오늘의 우리 정치 풍토를 바꾸어 보려는 의지는 없는지.

수 조 원의 원전 수주와 G-20 정상회의 개최는 나라의 위상을 더 높이고 국민경제에 도움을 주는 국가적 경사요 우리 국민의 축복인데, 이를 헐뜯는 무리가 있으니 이것이 우리 국민의 모습이라고 단정해 버리기에는 너무너무 가슴 답답하다. 잘 했다고 칭찬 좀하면 안 되나?

남이 잘되는 꼴을 못 보는 것이 우리 국민이라'고 그만 덮어버릴까? 잘못된 계획(惡)이면 수정하여 실행하는 것이 정도(正道)이고, 무리없는 계획(善)이면 그대로 실행하는 것이 순리이다.

당리당략에만 혈안이 되어 국민의 눈과 귀를 막고, 편을 가르고, 선악의 구분을 못하게 하고 있다. 전체에게 이익이 있다면 전체를 봐야하지 않는가?

나라가 위급할 때는 뭉치는 힘이 있고, 국사(國事)를 꿰뚫는 혜안을 가지고 있으며 흑백을 가려서 정신 바짝 차리게 혼줄을 내주는 능력을 가졌다.

"지족불욕(知足不辱) 지지불태(知止不殆)"의 고사성어의 뜻을 새길 줄이나 아는지? 국민을 섬기고 국민을 무서워 할 줄 알아야 한다.

국민이 주인이다.

대구나들이

삼천포로 이사 오면서 한 달에 한 번씩 대구로 나들이를 간다. 객지라서 자식들 외에 마음 터놓고 지내며 마땅히 어울릴 친구도 없고 해서 보고 싶은 친구들을 찾아 대구에 갔다가 되돌아오곤 한다.

직장 생활을 할 때는 많은 모임도 가지고, 이웃들을 사귀고 많은 사연들을 만들었지만 이곳에 오고부터는 생활 여건상 모임 때마다 참여할 수가 없어서 많은 모임들을 정리하고 초,중등 동기들의 모임만 아직까지 유지되고 있다.

천리길을 한 달에 두 번씩이나 간다는 것은 무리임이 느껴져서 초등 모임에는 참가치 못할 것 같아 안타깝다. 다른 회원들의 여건은 고려하지 않고 내 시간에만 맞추어서 모임을 갖는 것도 무리이며, 회원들에게 미안함이 있기에 참여하지 않으려고 한다.

"진정한 친구는 나로 인해 친구의 꿈을 이루게 해 주는 것이며, 나이가 들수록 많은 사람과 접촉을 해야 노년을 행복하게 보낼 수 있다."는 말씀이 느껴져서 그들의 불편을 들어주기 위해서 초등의 모임에는 빠지고 중등 동기들의 모임에만 계속 나가려고 한다.

이 모임은 배움의 많고 적음에서 벗어났고, 물질의 많고 적음이 개입되지 않으며 질풍노도와 같이 가슴을 뛰게 하는 그 무엇인가가 밑바탕에 깔려있다. 친구의 결점을 꾸짖고 나무람보다는 작은 햇살로 조용히 비추어주는 올바른 우정이 존재하고 있음이 아닐까 생각된다.

밤낮을 가리지 않고 술, 밥간에 많은 것을 제공해주고 방을 내주는 친구가 있는가하면, 애써 지은 농산물과 나물들을 들고 와서 나누어 먹는 고마움, 땀 흘리며 키워낸 놈을 솥 안에 넣어 삶은 정성, 떡이나 술을 들고 와서 "거시기 10가지, 촌년 10만원, 직업여성들, 빨아만 봤지, 촌년 아들이 왔습니다." 새댁의 젖, 자리바꾸자, 막내 사위는 새마을호, 가발 등등의 익살로 온 방안에 웃음보를 터트리고 있는가 하면, 한번 풀린 웃음보가 묶어지지 않는 우리 할망구 배꼽이 닫혀지지 않는다.

노년의 즐거움이 몽땅 여기 있음에 나를 천리길도 마다않고 찾아오게 만든다. 밤새며 딴 돈을 끝날 때는 도로 돌려주는 마음이 있기에 새벽을 맞이하고, 다음에는 후회하며 밤새지 말자고들 다짐을 하지만, 만나면 그게 안 되는 것이 우리들인지라 아직은 건강들이 괜찮은 친구들이라 다행이고 행복하다.

고희의 나이에 왜 안 아플까마는 크게 아픔이 없는 친구들이라서 안심이다. 제발 구구 팔팔 이삼 사하시길 우리 모두 합동 예불합시다. 나무아미타불 관세음보살, 합장합니다. 山中 松谷 泉龍 致範 仁山 松川 鵬來 柄守 무병장수를 위하여!

성묘길

성묘하는 날은 정해 놓았는데, 비가 온다고 하니 걱정이다. 사방에 흩어져있는 자손들을 모아 성묘하려면 여간 어려운 일이 아니다. 직장 근무 시간, 각 자손들의 집 사정 등등 생업에 쫓기는 시기들의 아이들이니까 다음으로 미룰 수가 없다. 미루어 하려면 추석 지나고 해야할 형편인데 걱정이 아닐 수 없다.

큰집 조카와 "비가 와도 한다. 꼬맹이들은 집에 두고 강행군 하자."고 약속을 하였다. 부산, 경주 아이들 보다 언제나 내가 제일 먼저 도착했는데 오늘은 내가 제일 꼴찌이다. 비가 오지 않기에 며느리, 손자, 손녀, 아들 모두 열 명의 식솔들과 함께 하려니 준비하는 시간이 너무 많이 소요되었다.

건천에서 만나서 인원 점검을 해 보니 모두 스무 명이었다. 승용차 두 대와 봉고차 한 대에 나누어 타고 산에 도착하여 오르는데 산골이 가득하고 메아리가 온 산에 울린다. 긴 성묘길이 펼쳐지고 있다. 놀라운 사실은 오늘 성묘길에는 내가 제일 연장자이며 최고 윗사람이 되어 있다는 사실이다. 세월의 무상함을 실감하며 산골 가득한 자손들을 보니 흐뭇하기도 하였다. 아마도 오늘이 제일 많이 성묘에 참여한 것 같다.

해마다 명장의 증조부, 여타 할아버지 산소는 모두가 함께 성묘를 하고 가까운 산소는 각각의 집으로 되돌아가는 시간을 참작하여 가마골 고조부 묘에는 우리 식구들이 하고 큰어머니 산소는 장조카 식구들이 하고 송선에서 합류하여 점심을 먹고 큰아버지 산소를 끝으로 성묘의 행사가 마무리되곤 하였다.

오늘은 큰형님 내외분과 작은 형님 내외분이 나중에 참여하셨고. 재호도 참여하여 오후에는 큰아버지의 산소길이 더더욱 빛났다.

해마다 성묘를 해도 우리 부모님 산소에는 가지 않고 바로 선동의 큰아버지 산소로 향하는데 올해는 경일이 내외와 재호 아내가 성묘를 하였다. 형수님의 배려였다. 항상 마음 속에 섭섭함이 있었는데…….

추석 전에 기제사가 있으니까 나 혼자 해마다 성묘 드리고 산소의 흙을 가지고 와사 제상의 묘사로 이용하게 되고, 되돌아가는 먼 길을 생각해서 추석 성묘를 생략한 것이 관례가 되었다. 처음부터 내가 잘못 생각한 탓도 있고, 큰집 형님의 잘못도 생각나는 부분이다.

앞으로는 벌초는 안하더라도 모두가 함께 산소에 들려서 후손들의 단합을 도모해줌이 나의 도리가 아닐까 반성된다. 오늘 성묘는 일찍 끝이 났다. 애초기 세 대에 일꾼들이 많았고, 나누어 벌초한 결과였으리라.

삼천포까지 가야하는 아이들이 있으니까 앞으로도 나누어서 함이 좋을 것 같다.

산을 오르내리면서 따져보니 삼 대가 한 자리에 모여 있었다. 한 집 안에서 팔촌까지 난다더니 오늘에사 실감을 하였다. 창열이, 동열이, 성열이가 승윤이 제원, 승제에게 팔촌 형님이 되고 경일이 재호가 삼종숙이 된다.

오늘의 성묘는 매우 흐뭇하였고 기분이 좋았다. 할아버지, 할머니들도 증손, 고손들의 모습을 보고 기뻐하시고 모두들 무사하길 빌어 주시고 건강한 사람으로 자라길 바라시겠지.

관세음보살 나무아미타불, 두 손을 모은다.

세상은 아름다워지고 있다

와룡골 용두공원에 틈만 나면 자주 찾는다.

이곳은 골짜기 입구에서부터 저수지를 돌아오는 산책로에 붉은색 우레탄을 깔아서 푸르른 자연과 조화를 잘 이루어놓은 친수공간이 자리를 하고, 삼림 속에 쉼터를 마련해 두었다. 정말로 고마운 일이다.

물레방아가 돌고 도는 와룡골 계곡물 위에 놓여진 다리 위로 달밤에 걸어봄은 마치 선녀가 달밤에 걷는 경지에 이르지 않을까 상상해 본다.

계곡의 언덕배기에 흐드러지게 피어 있는 봄의 전령사들이 이곳을 찾는 이들의 발걸음을 더욱 가볍게 하고 있고, 흐르는 물소리와 지저귀는 새들 소리에 자연의 아름다움을 만끽할 수 있다. 다리 위에 폼 잡고 사진 한 판 찍었으며 하는 충동을 느끼게도 한다.

골 깊은 와룡 골물로 만수(滿水)가 된 저수지 주변을 한 바퀴

돌다 보면 물 속에 와룡산이 떡하니 버티고 앉아서 아름다움을 더욱 빛내고 있으며 가금씩 날아오는 물새들의 노래와 군무(群舞)는 더욱 마음을 설레게 한다.

오른쪽 산책로를 돌아 아스팔트로 포장된 도로를 따라 걷다 보면 예쁘게 단장된 정자가 자리하고 있어 한숨 돌리며 땀을 훔치기에 안성맞춤이다.

물 건너 맞은 편 물가의 진달래꽃은 도란도란 이야기하며 봄을 내밀고 나온 수양버들 숲속에서 수줍은 자태로 아름다움을 보이고 있다.

물 가운데 자리한 시설물(수위조절용)은 보는 이로 하여금 들어가고 싶은 충동을 불러일으키며 밀게(홍수조절용)로 넘어나는 물 따라 마음과 몸이 스르르 밀려 나고 있다. 정말로 아름답다. 이 고장의 자랑거리이다.

오늘도 와룡 골짜기에 중장비 소리가 들리는 것을 보면 더 좋은 세상으로 되어 갈 것 같다.

지난 세월을 뒤돌아보면 격세지감이다. 이것뿐이 아니다. 많은 이들의 마음 씀씀이로 세상은 더욱 아름다워지고 있다.

지난 여름, 한낮의 더위를 피하여 새댁 한 분과 백수(白壽)를 목전에 둔 노부부가 이곳에 찾아 오셨다.

시원한 정자에 먹을거리를 푸짐하게 준비한 젊은 새댁이 노부부에게 한참 동안 이야기하며, 준비된 음식을 대접하고는 발걸음도 가볍게 머리카락 휘날리며 마치 백조 한 마리가 가녀린 물너울을 일으키며 물가를 시원스럽게 돌고 있는 것 같았다.

정말 아름다운 여인네다. 고개가 절로 숙여지며 우러러 보아진다. 멀찌감치 앉아 아름다운 이 모습을 넋을 놓고 보고 있다가 새댁이 자리를 떠는 순간 나도 모르게 끌리어 가서 그 분들의 관계를 물어 보고 말았다.

"직장에 다니는 조카며느리가 쉬는 날이면 오늘처럼 차로 우리들을 데리고 와서 바람도 쐬어주며 세상 돌아가는 이야기들로 우리들을 즐겁게 해 준다."고 한다.

부모를 갖다 버리는 이 세태에 시부모도 아닌 시백부모(媤伯父母)님을……. "조카며느리가 고맙고 착하고 예쁘며 아름답다."고 침이 마르도록 칭찬들을 하신다.

조카며느리의 마음 씀씀이가 용두공원의 아름다움을 한층 더 아름답게 하였으며 이 댁에 행복이 더더욱 가득하기를 빌어 주고 박수치며 발걸음 가볍게 돌아왔다.

오늘은 기분이 참 좋다. 아름다움을 모두 보고 왔기 때문에.

우리 모두 인면수심(人面獸心) 행동구체(行動狗彘)하는 인간들이 살아질 때까지 좋은 이웃들의 일에 칭찬하며 살아가는데 인색치 않고, 아름다움만 본다면 살맛 나는 세상은 더더욱 만들어 질 것이며 아름다워 질 것이다.

3

나는 1학년이 싫소

기억 너머의 건천

나의 근원

내 고향은 단석산(斷石山) 아래 마을, 마른 내 건천(乾川)이다. 경주시에서 서북쪽으로 대구 방향 12킬로 떨어진 경주시 건천읍 261번지에서 신사년(辛巳年) 윤유월 초이렛날 아버지 이재도(李再道)와 어머니 염조이(廉兆伊) 사이에 2남5녀의 장남으로 태어났다. 위로 누님 네 분과 아래로 여동생, 남동생 등 7남매 가운데 내가 다섯 번째이다.

나는 경주 이씨(慶州 李氏)로 표암(瓢巖) 이알평(李謁平) 할아버지로부터 75세손이며, 중시조(仲始祖)는 거명(居名)이시다. 파시조(派始祖)는 익제(益齊) 이제현(李齊賢)으로부터 40세손이다.

보통 나의 뿌리를 묻는 사람이 있으면 경주 이씨로 익제공파라고 하고, 건천읍에 일곱 가구가 있을 당시부터 할아버지들이 뿌리를 두고 살았던 서라벌이 내 고향임을 자랑으로 말한다.

이곳 건천은 김유신 장군이 칼로 바위를 자르며 수련한 곳이고, '다 자구야 더 자구야' 전설이 얽힌 부산성(釜山城,), 선덕여왕의 예지(銳智)로 백제군을 물리친 여근곡(女根谷), 오봉산(五峰山)의 주사암, 작산(鵲山)의 작원성, 금자가 묻혔다는 금척(金尺), 서라벌의 무산촌(茂山村)이 자리한 유서깊은 고장이다. 또한 불국사를 세운 김대성(金大城)의 모량리(毛良里)와 시인 박목월(朴木月)의 방내리가 위치해 있다.

집 앞에는 시내가 흐르고, 개울 건너에는 동사(洞舍)가 위치하고 있었으며 아름드리 포플러가 개울가에 줄지어 있었고 대문 바로 앞에는 백여년 된 수양버들 한 그루가 서 있어 여름 한 철은 지나가는 길손들을 쉬어 가게 하였으며 마을 어른들에게는 오수(午睡)의 장을 마련해 주기도 하였다.

개울 건너 포플러숲에는 누렁이가 여름 한나절을 되새김하고, 밤이면 개울에서 여인네들이 찰방찰방 목물을 즐겼다. 마당 넓은 우리 집은 동네일을 의논하고, 이동영화 가설극장이 설치되곤 하였다.

아버님은 항상 동네일의 중심에서 활동을 하셨고, 남을 이해하고 베푸는 아량이 크신 분으로 인자하시고 인심 좋기로 근동에서 소문나셨다.

어머님은 24살의 총각에게 16살에 시집 오셔서 딸 다섯, 아들 둘을 낳으신 전형적인 한국의 여인이시다.

두 분의 부부애가 우리 형제들을 감싸 주었기에 오늘의 우리가 있게 되었으리라 의심하지 않는다. 놓으면 날아 갈새라 품 안에 자식들을 항상 감싸 안았고 혀로 자식들의 눈꼽을 핥아내는 자식

사랑이 당신의 모두였던 분이셨다.

배움의 한을 가진 아버님은 자식들만은 눈을 뜨게 해야겠다는 일념으로 남존여비 사상이 팽배했던 시절에 자식들에게 진학의 길을 열어 까막눈을 면하게 해주셨다.

첫째 누나는 일제 강점기에 일본에서 결혼하셔서 진주에 살고 계시며 미수(米壽)를 목전에 두고 있으시다.

둘째 누나는 부산에서 자식 하나 없는 외로운 삶을 사시면서 피붙이들 돌보고, 친정을 도우다가 한 많은 세상을 하직하셨고,

셋째 누님은 너무나 젊은 날에 어린 여식 하나 달랑 세상에 남겨 놓고 자랑스러운 남편 곁을 홀연히 떠나셨다.

넷째 누님은 부산에서 슬하에 아들만 셋을 두고 단란하게 사시고, 여동생도 부산에서 넉넉하지는 않지만 남에게 빌리지 않는 삶을 살고 있다.

막내 남동생은 의병 제대를 한 후 서울 검찰청에서 젊음의 꿈을 펴려다 일찍이 나래를 접고, 평소에 "굵고 짧게 살다가 가련다."라고 입버릇처럼 하던 말이 현실로 나타났다.

귀여운 남매와 사랑하는 아내를 수원 하늘 아래 둔 채 부모님 가슴에 묻혔다. 이 못난 형의 가슴에도 묻어 두고 떠났다.

지금 나의 곁에는 누님 두 분, 여동생 하나로 혈육은 넷뿐이다.

부모님과 누님 둘, 동생 하나가 없는 세상은 실로 외롭고 암담하다.

그러나 남은 형제들이나마 오순도순 건강하게 살기를 빌고 빌 뿐이다.

어린 날의 추억

농촌에서 소를 키우는 일이 가장 큰 일이었다. 학교를 파하고 집에 오면 소 풀 뜯고, 소 먹이러 가는 것이 시골에 사는 우리들의 일상이었다.

그 날도 나는 여느 날과 같이 노동산에 소 먹이러 친구들이랑 형들과 함께 갔다. 소 뿔에 고삐를 감아 산으로 올려놓고 골짜기 저수지에서 멱을 감고 놀았다. 잠수도 하고 언덕에서 다이빙도 하며 신나게 놀았다. 나는 물 밑에 사람이 있는 것도 모르고 언덕에서 힘껏 뛰어 내렸다. 그만 그 사람의 머리에 내 고환이 부딪혔다. 아랫배가 당기고 아파서 견딜 수가 없었다. 그러나 저 소를 어떻게 해야 하나? 고환은 자꾸 부어오르고, 어린 마음에 큰일이었다. 집에까지 갈 일이 꿈만 같았다.

친구들이랑 형들도 걱정이었다. 내보고 먼저 내려가라고 하였다. 소는 자기들이 몰아다 주겠다고 했다. 고마웠다.

소를 산에 올려놓고 금방 다쳤으니까 아마도 오후 3시경에 산에서 내려왔는데, 저녁 무렵이 되어서도 집에 닿지 못했다. 집에는 소가 먼저 당도하였다. 친구들에게서 내 소식을 들은 부모님은 놀라 마을 어귀까지 마중을 나오셨다. 퉁퉁 부은 내 고환을 보고는 걱정이 태산이었다. 건천에는 마땅한 병원도 없었다. 다음 날 부산행 열차를 타고 부산의 동광병원으로 가 진료를 받았다. 1주일간 통원 치료를 하였다.

의사 선생님은 나를 보도 "잘못했으면 장가도 못 갈 뻔 했다. 이 정도라서 다행이다."고 말씀하셨다. 정말 다행이다.

나는 장가를 가서 2남2녀를 두었으니 그 증거가 아닌가?

양포동 뒷산은 우리들의 놀이터였다. 산 밑은 형산강 상류라서 멱감기 좋고, 산 위 골짜기에는 빗물이 흘러가면서 오랜 세월 동안 조각된 바위들이 금강산을 방불케 하는 소금강이 형성되어 있어 숨바꼭질하면서 놀기 좋았다. 강가에는 큰 당수나무가 있어서 동네 어른들과 함께 오수를 즐기기에도 안성맞춤이다.

어느 하루는 소금강이라 부르는 골짜기에서 전투놀이를 하다가 나는 그만 낭떠러지에 떨어져서 왼쪽 촛대뼈를 크게 다쳤다. 뼈가 시퍼렇게 드러나도록 살점이 떨어져 나갔다. 가지고 있던 수건으로 동여매고 칡넝쿨을 걷어 붙들어매 지혈이 될 때까지 꼼짝도 않고 끙끙거리며 그 자리에 있다가 저녁 때가 되어서야 천천히 집에 왔다. 친구들에게 소를 맡기고…….

집에 오니 부모님의 걱정이 대단하였다. 아버님은 "야! 이놈아, 무슨 장난을 그렇게 위험하게 하노, 네가 비호가 뛰어 내리게. 죽으려고 작정했느냐?"고 호통을 치셨고, 어머니는 한 손에 된장숟가락을 든 채 걱정스러워 하셨다.

6,25전쟁을 막 치런 50년 중반은 모두들 가난하였다. 지금처럼 의약품이 준비된 집이 없었다. 몸에 상처가 나면 된장을 찍어 발라주는 것이 우리네들의 자가 치료법이었다.

요즈음 같았으면 조금만 다쳐도 병원에 가서 꿰매고, 항생제 주사 맞고, 처방약 받아 먹으면서 매일 치료하고들 야단이겠지만, 그 때는 된장만 발라주어도 곧잘 상처가 아물었다.

아직도 내 왼쪽 다리에는 그 때의 영광스런(?) 흔적이 남아 있다.

나의 기계(家界)

옛날 양반가는 자식을 조기 결혼시켰다. 궁중에서는 일찍이 왕자를 장가들게 하여 세손을 보는 것이 상례(常例)였다. 아마도 수명이 오늘날처럼 길지 않는 시대였기에 조기 결혼을 시켰으리라 짐작을 한다.

나도 일찍 결혼하였다. 연세가 많으신 부모님께서 이웃 친구들의 며느리, 손자 이야기들을 듣고는 빨리 그 후손을 보고 싶으신 마음에서 내가 중학교를 졸업하자마자 성혼을 서둘러셨다.

집안의 누님, 형님들이 반대하고 나 또한 거부하는 터라서 미루다가 고등학교 졸업 무렵 어머님의 눈물 공세에 도저히 견딜 도리가 없었다. 나는 맞선을 수락하였다.

나는 1960년 1월 1일 경주시 배반동의 안동댁(장인 金命龍) 첫째 딸 덕이와 사모관대를 쓰고 홀기 부르며 구식 결혼식을 올렸다. 구식 결혼, 즉 전통 혼례는 참 재미있다. 요즘 젊은이들은 모른다. 정말로 재미있고 훈훈하다.

처제들의 찬물 세례, 처형들의 여물밥상, 소지렁, 솥검정 화장, 소나무 껍질로 만든 북어 반찬 등등 결혼 여흥이 처장조모를 비롯하여 장인, 장모, 처남 셋, 처제 넷의 다복한 가정의 만사위가 되게 하였다.

당시 나의 결혼은 친구들과 학교 안 화제꺼리였다. 잘 나가던 부산의 운동선수가 졸업도 하기도 전에 결혼을 하여 학교의 화제가 되었고, 초등학교의 동기들 중에는 제일 먼저 결혼을 하여 뜻밖의 화제가 되었다.

결혼 당일 건천의 친구들, 부산의 남자 친구들과 여자 친구들이 결혼식에 참석해서 시골 마을이 시끌벅적하였다. 첫날밤 나는 친구들에게 붙잡혔고, 그 다음 날도 또 납치당하여 집에 올 수가 없었다. 지금 생각해도 피씩 웃음이 나온다. 장난이 너무 심해 친지들이 큰 걱정을 하였다.

"신랑 잘못 봤다. 깡패 사위 봤다."고 입소문이 사방으로 날아갔지만 지금은 그 모두가 섣부른 판단이었음이 입증되었다.

결혼할 당시는 부끄러웠다. 장가 갔다는 말을 하기가 무척 망설여졌다.

그러나 지금 생각해보면 일찍 결혼을 잘하였다고 말하고 싶다. 한 나이라도 젊을 때 자식들 모두 공부시키고 결혼시켜 살림 꾸려주고나니 고희를 지난 오늘의 우리 두 내외에게는 즐거운 삶만 찾아오고 있기 때문이다.

자식들 모두 제 갈 길을 가고 있으니 부모 할일 다한 것 같아 홀가분하다.

나는 슬하에 2남2녀를 두었다. 맏이인 딸은 구미에서 한 업체의 CEO인 은희경이의 아내로, 큰아들은 교직에 몸담고 있는 김태자와 짝이 되어 진주에서 살면서 한산(韓産)의 부장으로 서울에서 근무하며, 둘째 딸은 한산에 근무하는 윤정한의 아내로, 막내아들은 대구의 예쁜 규수 강주연과 짝이 되어 한산에 근무하면서 내 곁에서 살고 있다.

나는 본손, 외손 합쳐 열 명의 할아버지이다. 손자 여섯, 손녀 셋, 하나는 아직 미정이다. 곧 세상 구경하리라.

지금 우리 내외는 딸 둘, 아들 둘에 열 명의 손주들을 둔 할아버지 할머니로 남도의 해변에서 조용히 여생을 보내고 있다.

선생의 길루

나에게 평생 교직으로 이끄신 분은 김종원 선생님이시다. 선생님은 일제강점기에 육상 400미터 우리나라 국가 대표선수였으며 동래고등학교 체육선생으로 계셨다.

나는 1학년 때 공부도, 운동도 잘 하였다. 육상대회에 나가면 꼭 입상을 하여 학교의 이름도 높였다. 이런 나를 선생님은 무척이나 사랑해주시고 돌봐주셨다.

그러나 2,3학년이 되면서 럭비도 하고 친구들과 어울려 놀기를 좋아해 공부와는 거리가 좀 멀어졌다. 입학 당시 사관학교에 가야겠다는 꿈이 물거품으로 돌아가면서 나의 학력은 곤두박질쳤다.

나는 사관학교에 가겠다는 청운의 꿈을 접고 선생님의 권유로 부산사범대학 체육과에 진학하였다. 선생님은 부산사범대학에도 출강을 하셨기에 내가 특기생으로 입학할 수 있도록 특전을 베풀어 주셨다.

또한 선생님은 내게 운동회 때 총지휘를 하게도 하셨고, 110미터 허들 경남 기록보유자로 키워주셨다. 아마도 지금쯤은 고인이 되셨겠지.

선생님 고맙습니다. 편히 잠드시길 기도 드릴게요.

하극상과 막걸리 파티

나는 진해 육군대학 교수부에서 군 생활을 하였다. 대아중학교에서 근무하다가 입대를 하였다.

1960년 초에는 우리나라의 교육환경이 매우 열악했는데, 이곳은 최첨단 교육 기자재를 활용한 영상 교육을 하였다. 사무실은 모두 스팀장치가 되어 있었고, 강의실은 극장식으로 암막이 설치되어 언제라도 영상 교육을 할 수 있었다.

지원 부처로 교육자료 제작실, 도서관, 평가실, 교육자료 준비물 공급실, 목욕탕, 기숙사, 세탁소, 영어 번역실 등을 갖추어 놓고, 교수들은 연구만 해서 교수활동만 하면 되는 시스템으로 운영되었다.

교수부에 근무하는 부대원들은 학력이 대졸 이상의 병사들이었다. 교수들의 교육활동에 필요한 외국의 서적을 번역해 주고 타이핑도 해주며 원고를 정리해주는 고학력의 병사들이 대부분이었다.

나는 제대 7개월을 앞두고 내무반장으로 교외교육학과 선임자의 직책을 맡았다. 말년 휴가를 마치고 귀대하던 날 정철규 병장, 이신모 병장, 노병장 등으로부터 일병, 상병들이 나보다 선임자인 이신모 병장을 구타하였다는 제보가 들어왔다. 색시 같이 얌전하고 힘도 없는 이병장이라 부하병사들에게 당했단다. 그러니 오직 내무반장인 내가 귀대하는 날만 기다리고 있었다.

휴가를 마치고 온 나는 하극상 소식을 듣고도 한 마디 말도 없이 일주일을 보냈다. 이런 나의 태도에 졸병들은 졸병들대로, 선임병사들은 선임병사들대로 긴장과 불만의 연속이었다. 이제나저제나 집합 명령이 언제 떨어지게 될런지 바짝 긴장하는 분위기였다. 한마디로 잔뜩 뜸을 들여 놓았다.

드디어 그날이 왔다. 우리 과의 이태희 준위가 주번사관하는 날이 왔다. 나는 이준위에게 “오늘 밤 8시 이후 정신 훈련을 하겠다."라고 자초지종을 말씀드렸다.

"완전무장을 하고 중대본부 연병장에 금일 20시까지 선착순 집합하라! 내무반장 이윤식." 각 과로 전통을 보냈다.

저녁 식사를 마치고 내무반에서 대기하고 있는 분위기는 매우 긴장되었다. 중대 본부의 주변 사관실에서 요란한 호루라기 소리가 울리기가 무섭게 "기준"하면서 삼렬 횡대가 이루어졌다.

내무반장인 나도 완전 무장을 하고 나왔으니 누구 하나 불만의 소리를 할 수가 없었다. 뛰는 데는 누구에게도 질 생각이 없는 나였기에 완전 군장을 꾸려서 나왔다. 물론 선임 병장들은 열외로 하고…….

부대 대연병장으로 구보가 시작되었다. 얼마나 뛰었는지는 모른다. 모두들 헉헉거렸다. 더러 쓰러지기도 하고 모두들 기진맥진하였다. 나는 속으로 '군인의 체력이 이래서야' 하는 한심한 생각이 들었다.

"제자리에 서, 우향 우."

모두가 '후' 이다. 속으로는 '이제는 끝내겠지' 하고 기대를 잔뜩했을 것이다. 나는 후임 병사들에게 "군은 잘났건, 못났건 계급 사회이다. 사회에서의 지위나 직책은 여기서는 통하지 않는다. 사회의 화려한 생활의 미련에서 빠져 나오길 바란다. 또한 군은 지휘 계통이 확실한 조직 사회이고 상급자의 명령 하나에 군 체계가 유지되고 있는 특별한 조직 사회임을 명심하라. 내무반장인 내가 없다고 이런 불상사가 일어 날 수 있는가? 앞으로는 이와 같은 일이 일어나지 않을 것을 약속할 수 있는가?"고 약속을 받아내고는 다시 "우향 우, 뛰어 가."라고 명령하였다.

다시 연병장을 돌기 시작하자 모두가 허탈해진 것 같았다. 일을 저지른 세 명의 병사에게 원망의 소리가 일어나는 것 같았다. 옷이 땀투성이였다. "계속 번호 붙여 가." 명령이다. 정말 죽을 맛이었을 것이다. 체력에 자신이 있는 나도 지쳤다. 뛰면서 번호 붙여주고, 잔소리하고, 낙오자 독려하고 내가 더 기합을 받는 셈이다.

"중대본부를 향하여.", "제자리에 서, 우향 우.", "세 사람 앞으로." 나는 사고를 친 세 사람에게 소대원들에게 사과 한 마디하기를 명령하였다.

사과를 하고 난 뒤 "2소대 파이팅"을 외치고 내무반을 향하도록 하였다.

나는 연병장으로 구보하러 갈 때 미리 선임병들에게 내무반에 술자리를 마련하도록 하였다. 물론 PX에 가서 내 앞으로 막걸리와 안주를 달아놓으라고 하였다.

부대원들이 내무반으로 들어서는 순간 모두들 어리둥절하였다. 내무반에서 몽둥이로, 욕으로, 엎드려, 일어서로 하극상의 대가가 치루어지리라 상상했었는데 술자리가 마련되어 있는 게 아닌가.

"자, 이제 우리는 생사고락을 같이하는 전우이다. 사회의 화려함을 떨치고 현실에 충실하고, 서로 사랑하고 아껴주는 전우가 되자."고 건배를 제의하였다. 모두가 활짝 웃는 감동의 분위기에 내무반장인 나로서는 흐뭇한 한 순간이었다.

문제의 병사들이 미안하다는 말을 몇 차례나 내무반원들에게 하고 술을 권하면서 화기애애한 순간이었다. 연병장 구보와 막걸리 파티로 오늘을 마무리하게 되는 장면에 모두가 놀라고 감탄을 하였다.

이제는 모두가 지쳐서 곤히들 자고 있다. "이병장 대단하다."는 선임 병장들의 격려도 듣고, 주번 사관에게도 잘했다는 칭찬을 들었다.

나도 잠 속으로 곯아 떨어졌다.

영광의 상처

"이병장님 돈 좀 빌려 주세요."

양일병의 부탁이었다. 자초지종을 물었다.

양일병은 장교님 심부름 갔다가 나머지 돈을 돌려 드려야 하는데 정문 보초가 달라고 해서 주었단다. 두 번이 아니고 심부름 갈 때마다 그런 횡포를 당하고 나니 이젠 장교님께 돌려 드릴 돈이 자기에게는 없단다. '이런 괘심한 놈들 봤나.' 어찌 이럴 수가…….

나는 일과를 마친 뒤 경비 초소 내무실에 가서 장상병을 불러 오게 하였다. 자초지종을 확인한 후 몇 대 때려주고, 다시는 그러지 않겠노라는 다짐을 받고 돌려보냈다.

잠시 후에 장상병이 "이병장님 좀 봅시다."하기에 우리 내무반 문을 나서는 순간 흉기로 내 머리를 쳤다. 피가 낭자하였다. 나도 순간 돌을 하나 주워서 쳤는데 그 놈도 피가 낭자하였다. 부대원들이 말려싸움은 끝이 났다. 의무실에 가서 머리를 여섯 바늘이나 꿰맸다.

다음 날 사무실에 출근하지 않았다. 육군대학 교수들의 업무 보조를 해야 하는데 내가 출근하지 않았으니 사건의 전말이 들통이 났다. 중대장이 과장에게 호출되어 가고, 중대장이 나를 병문안 오고 부대 안이 난리가 났다.

매일 아침 중대장이 과장에게 직접 가서 나의 상태를 보고해야 하였고, 장상병을 영창에 보내야 하는 궁지에 몰리게 되었다.

퇴근길에는 과 장교님들이 내무반으로 병문안을 오고하니까 중대장의 자리가 가시방석이었을 것이다. 하극상이 일어난 상황이고 경비병이 돈을 갈취한다는 것은 군에서는 있을 수 없는 일이여서 중대장도 곤란한 처지에 놓이게 된 것이다.

중대장이 매일 아침 출근길에 나에게 와서 "이병장 아직 출근 못하겠나? 어지간하면 출근하지."라고 종용하였다.

모든 부대원들이 중대장을 미워하였다. 그러니 모두들 나에게 "오래 출근하지 말고 중대장 욕 좀 보이라."고 하였다. 심지어 "고소하다."고들 하였다.

장상병은 인천에서 좀 논다는 편이었고, 계급은 나보다 아래였지만 군번은 빨랐다. 그래서 이놈이 나를 친 모양이었다. 군대는 짠밥순이 아닌가. 그러니 자존심이 매우 상한 모양이었다.

내가 중대장과 과장님에게 건의를 해서 장상병이 영창에 가는 것은 피할 수 있었다. 그 통에 내 머리 왼쪽 가리마 자리에는 아직도 상처의 흔적이 남아 있다. 과 선임자로서 과원들을 보호하고 책임을 다한 영광의 상처라고 부르고 싶다.

아이고 아까워라

시작과 끝

나는 대학을 졸업하고 사회생활의 시작이 진주 대아중학교였다. 사범대학을 졸업하고 발령 대기 상태였는데 그 동안을 참지 못하고 사립학교인 대아중학교 체육교사로 부임하였다.

중학교 교사로 있다 육군에 입대하였다. 병역 의무를 마치고 취업을 하려고 여러 곳에 문을 두드렸지만 갈 곳이 마땅하지 않아서 경상남도 교위에 발령 신청을 했더니 초등학교로 가라고 하였다.

초등학교 정교사 자격증과 함께 발령이 된다고 하기에 나는 동의를 한 것이 평생 초등학교에 몸을 담는 계기가 되었다. 경남 합천 가회, 경북 경주 나산, 천북, 건천, 천포, 의곡, 대구의 산격, 종로, 칠곡, 남송, 대서초등을 두루 거쳤다. 나는 체육과 출신이라 체육주임을 거쳐서 대구 대서초등학교에서 40여 년의 교직생활을 마감하게 되었다.

당시 정부의 문교 방침은 경력과 나이가 많은 사람들이 퇴출 정책에 시달렸다. 정년이 낮아지고, 연금 정책의 불확실성 때문에 많은 교사들이 명예퇴직을 선택하게 되었다. 그 결과 전국적으로 교사 부족 현상이 일시에 나타나서 각 학교는 교사 확보에 많은 고심하던 때였다.

나도 그 속의 한 무리였다. 체육과 출신이고 대구시 체육 연구 교사로 활동한 경력을 높이 쌓은 결과 3년 여 동안을 무료함 없이 생활을 하였다. 정년의 나이가 되었다고 그 마저도 못하게 되니까 무료함이 그 때부터 나에게 다가왔다.

나는 퇴직하고나서 대구에서 무료하게 사느니 차라리 아이들이 있는 곳으로 가서 자식과 손주들을 돌봐주면서 사는 것이 더 보람이 있겠다고 판단되어 진주로, 삼천포로 옮겨 와 살고 있다.

체육교사로 이곳에서 사회생활을 시작하였고, 체육교사로 대구에서 교직생활을 끝맺었다.

고향을 떠나 사회의 첫발을 내디딘 진주, 그리고 경북 일원과 대구생활 25년, 퇴직한 뒤 또다시 사천으로 옮겨온 것은 내 인생 행로에 이미 정해져 있었는지도 모르겠다.

진주, 사천에서 시작한 사회생활을 이곳에서 마감을 하려고 설계하고 있다. 시작과 끝이 우연히도 이렇게 일치함은 신이 나에게 내려준 팔자가 아닐까싶다. 이것이 내 운명인가 보다.

자식 같이 사랑해 주셨던 분

대학교를 졸업하고 첫 부임지가 진주 대아중학교였다. 친구 세준이가 동래중학교로 전근 가면서 나에게 소개해 준 학교였다.

1961년도라 모두가 경제 사정이 좋지 않을 때이다. 몸을 붙여 밥 먹을 집을 구하려니 족히 마땅한 곳이 없어서 비봉산 기슭의 세준이집에서 먹고 자고 다니기로 하고 뒤쪽 한 모퉁이 방에 여장을 풀었다.

이때는 시내버스도 없고 택시 타기도 쉽지 않아서 걸어 다녔다. 2~30분은 족히 걸려 도시락을 손에 들고 다니기엔 땀이 좀 나는 거리였다.

아침밥을 먹고 저녁에 퇴근해 오는 나는 세준이집 형편을 잘 몰랐다. 가족들과 함께 밥을 먹겠다고 해도 굳이 뒷방에다 밥상을 차려 주니까 너무나도 미안하고 좌불안석이었다.

가난하고 없던 시절이라 가족들 밥상과 나의 밥상에는 분명 차이가 있었으리라 짐작이 간다. 나이가 들어 이 글을 쓰는 순간에 느낌이 온다. 얼마나 불편했을까? 신경들을 많이 써셨겠지.

이십대 초반의 나이에 너무나 생각이 우물 안 개구리였다. 감사할 줄도 모르고 고마움에 보답을 할 줄도 모르는 철부지였다.

하숙을 구하고 집을 옮길 때 그냥 왔을 것 같은 생각에 가슴 답답하다. 흘러가는 강물 같은 세월에 나이만 커지니 자꾸만 뒤돌아보아 지고 아쉬움만 남는다.

진주에 가는 기회가 있어서 한번 찾아 갔더니 옛날 그곳에서 아직도 살아 계셨다. 아버님은 이미 고인이 되셨고, 어머님은 병중이셨다. 내가 왔노라고 해도 눈을 지그시 감으시고 인고의 세월에 지친 모습이셨다.

아마도 지금쯤은 먼 나라 하늘나라에서 고이 쉬고 계시겠지.

두 손 모아 기도드립니다. 어머님 영생복락 길이 누리소서.

언제나 부족한 선생

대아중학교는 설립된지 얼마 되지 않은 사립학교였다. 교실 바닥이 흙먼지가 풀풀 나는 주야간부가 있는 진주의 조그마한 학교였다.

야간부 학생들은 갓 졸업해서 부임한 나와 연령 차이가 2~3살정도뿐인 학생이 많았다. 주야간 합쳐 체육교사는 나 하나. 교내 행사 때 학반별 배구대회가 열리는 날. 아이들은 응원하고 구경하려고 코트 가까이로 자꾸 들어온다. 라인도 보이지 않고, 경기에 방해도 되고 해서 몇 차례 뒤로 물러나라는 신호를 해도 그냥 그대로였다.

나는 젊은 혈기에 잔뜩 화가 났다. 심판대 위에서 뛰어내렸다. 긴 장대를 잡았다. 후려쳤다. 한 여자 아이가 쓰러졌다. 경기는 진행해야 하고. 다른 선생님이 학생을 데리고 갔다. 순간 걱정이 많이 되었다. 어떻게 된 일인지 아직까지도 모른다.

아무리 화가 나도 참고 지도해야 하는 것이 올바른 선생이었을 것인데……. 참 우스꽝스럽다. 이게 선생인가?

아이고 아까워라!

1년만에 제대할 것을 3년 만에 제대를 하였다.

입대할 당시에는 교보 제도가 없었다. 입대 후 3개월 정도되니까 교보 제도가 부활되었다. 해당자는 서류를 제출하라는 중대 본부에서 안내가 왔다.

나는 휴가를 빋아 진 근무지인 대아중학교로 갔으나 채용 보고가 도교위에 되어 있지 않다고 하였다.

"사대 출신 선생님들은 부임하고 얼마 안 있으면 다른 학교로 가 버리니까 선생님도 그럴 것으로 예측하고 채용 보고를 안 했다."고 하지 않는가.

나는 "군에 가기 전에는 아무 학교도 안 간다."고 부임할 때 약속을 드렸다고 원망어린 말을 했지만 이미 버스는 지나 갔는데 허사였다. 또한 누님은 네가 사천중학교로 발령된 것을 대아중학교에 근무하고 있다고 되돌려 보내버렸다. 나에게 어떻게 할 것인가고 물어 보았으면 좋았을 것을 참 아깝다.

채용 보고만 되었더라면, 또한 공립학교에 근무했으면 자동으로 채용보고가 되었고 군 복무도 1년으로 끝났을 것을……. 이 무슨 운명의 장난이란 말인가. 제대 후 중학교에도 못 가고 초등학교로 발을 딛게 되었다.

첫 발령지

제대 뒤 첫 발령지는 경남 합천군 가회면 가회초등학교였다. 대아중학교는 사립이기에 도 교위 발령은 이곳이 처음이니까 첫 발령지가 된 셈이다.

· 25세의 젊은 교사
· 아무 것도 모르는 초년병 교사
· 오르간 연주도 못 하는 교사
· 그림도 못 그리는 교사

· 뭐 하나 제대로 못하는 교사
· 체육을 좋아하는 체육과 출신 교사
· 하면 된다는 신념을 가진 교사
· 자상한 교사
· 알뜰한 교사
· 할 일 두고 못 참는 교사
· 격의 없는 교사
· 분위기에 잘 젖어드는 교사
· 이제는 제법 물이 올라 보송보송 털 벗어가고 있는 교사
· 연구도 하고 문집도 내고 웅변도 하고 자료도 만드는 교사
· 첫 발령지 3년만에 오르간 연주도 할 수 있는 교사

나는 제법 때가 묻어나는 교사로 탈바꿈되어 가고 있었다.

타향살이

1965년 6월에 첫 발령을 받고, 그 해 여름부터 타향살이가 시작되었다.

결혼 뒤 5년 만에 학교 사택 한 칸 방에 가추를 달아낸 부엌에 살림 그릇을 펼쳐놓고 아내의 기대가 듬뿍 담긴 신혼생활을 시작하였다. 아장아장 걸음마를 겨우하는 미송이를 데리고 합천군 가회면에 보금자리를 꾸렸다.

옆방의 부엌방에는 허문도 선생이 딸아이 둘을 데리고 살았다. 고향이 그 곳인 허선생은 소탈하고 잔정이 많은 분이셨다.

아침이면 일찍 미송이를 데리고 운동장에서 뛰기도 하고 그네도 타면서 오순도순 살았는데 아마도 아내는 이런 시간이 무료했으리라. 문화 시설 하나 없는 벽촌에서 딸 아이 하나와 남편만 기다리며 어떻게 살았을까? 사모님이라는 소리를 듣고 긍지를 가지면서 살았을까? 매일 저녁 술 먹고 들어오는 남편을 미워하면서 살았을까?

아는 사람이라고는 하나 없는 타향에서 먼 혈육(경주 이씨 문중)의 정을 느껴 본 것도 타향살이의 귀한 경험이었다. 학부형도 되고 동성동본의 한 할아버지가 채소, 감자, 무 등을 많이도 갖다 주셨다. 이점식이가 그 집 아이였다.

김종호, 윤한영, 윤한중, 권정석, 허문도, 정종신, 폐알이 여선생, 유종옥 이 분들은 고향이었다. 선생들과 어울려 농주도 많이 마셨고, 천렵도 많이 하였고, 색시 있는 술집도 더러 다녔다.

나는 보람이 있었는데 아내는……. 이제 생각해보니 아득한 추억의 시간이었다.

와! 못 크다

합천군 가회면에 있는 12학급 규모의 조그마한 초등학교, 하루에 두세 번 버스길이 열리는 산골 면소재지이다. 중학교 진학에 입시 시험이 있던 시절, 6학년은 시험공부하고, 5학년은 수행여행을 갔다.

1박2일 일정으로 부산으로 가는 날이었다. 가회에서 마산, 진해, 김해로만 뚫린 부산길. 마산에서 진해로 고개길 넘기 전에 바다가 보였다. 한 아이가 "와! 못 바라."고 감탄을 쏟아 부으면서 또 "못 크다 커"하면서 손뼉을 쳤다. 신이 나서 소리를 지르니까 졸다 말고 눈 부비며 "어디 어디." 모두가 야단들이다. "야! 이놈아들아, 이 촌놈들아. 저게 어디 못이고 바다지."라고 경수가 말하니까 모두들 의아해 하였다.

"선생님 저게 정말 바다입니까?"고 점식이가 물었다.

"그래, 저게 바다다. 마산해안의 이 바다는 남해 바다에 속한다."고 내가 일러주니까 모두들 "이야? 바다 처음 봤다. 정말 바다 처음 봤다."고 눈망울들이 초롱초롱하였다.

잠을 모두 바다 속으로 내던져버린 신기한 마음들이 버스 안에 가득하고, 여행하는 즐거움이 솔솔 돋아나서 노래 소리, 박수 소리 차창 밖에 흘려놓고, 비포장길 먼지들이 신나게 따라 왔다. 성지공원, 우남공원, 영도다리, 태종대, 광복동, 국제시장, 방송국……. 수많은 차들이 꼬리를 물고 달리고, 앞뒤 없는 전차가 도로 가운데로 달렸다. 모두가 신기하고 감탄스럽다. 정신이 빠졌다.

마지막 코스인 우남공원에서 점검을 하고서 대청동여관으로 가려는데 아이 하나가 없음을 알았다. 그것도 우리 반 아이가 없어졌다. 가슴이 덜컹 내려앉았다. '큰일 났다. 어떻게 하지?' 아무리 궁리를 해 봐도 해결책이 없다. 일단은 여관으로 가서 아이들 조치하고, 찾을 궁리를 하자고 동료 선생님과 협의를 마쳤다.

걱정을 태산 같이 안고서 여관에 들어오는 순간 "선생님"하고 큰 소리로 나를 부르지 않는가. 후? 유? 우. 한숨이 절로 나온다. 허탈감이 온 몸을 휘감는다.

사전 여행에 대한 지도가 빛을 발했나보다. 여관 이름, 여관 전화번호, 경찰관 아저씨, 파출소, 여행 코스인지. 길을 잃은 아이는 국제시장에서 일행과 떨어지자 곧바로 광복동 파출소 아저씨의 도움으로 여관으로 왔단다.

피로가 온몸을 엄습한다. 스르르 눈이 감겼다.

교장이 먼저 알고 있었다

당일 코스로 부산으로 4개반이 수학여행을 떠났다. 나는 합천 가회 학교의 경험을 되살려 유인물을 준비하였다. 여행하는 코스 차례, 여관 이름, 여관 전화번호, 여행 때 유의할 점, 재미있는 노래 가사집. 모두 한 권씩 나눠주었다.

부산방송국을 견학하고 마지막 코스인 성지공원으로 가는 도중에 버스기사가 "선생님 황남학교 누구라고는 하던데 이름은 잘못 들었습니다만 아이를 방송국에서 보호하고 있다."는 방송이 나왔다고 한다.

버스에서 내리마자 방속국으로 전화를 해서 성지공원 정문쪽으로 보내 달라는 부탁을 하고 인원 점검을 했는데 이것 또한 우리 반 아이가 아닌가. 오랜 기다림 끝에 내 앞에 택시가 섰다. 반갑기도 하고 밉기도 하였다.

그렇게도 떨어지지 말고, 어디 갈 때 옆 친구에게 알리고 가던지, 선생님께 신고하고 가라고 했는데 혼자 화장실에 갔다가 오니까 없더란다.

다행이 방송국 안에서 이루어진 일이라서 쉽고 빠르게 방송되었고, 우리들이 탄 버스기사가 방송을 들었으니 망정이지 그렇지 않았다면 어떻게 되었을까? 생각만해도 아찔하였다.

수학여행을 마치고 학교에 도착하자 교장 선생이 먼저 알고 "이선생 수고했다. 방송을 듣고 무척 걱정을 했다. 다행이다."는 말씀만 남기시고 자리를 뜨시니 죄송스러웠다. 도착할 때까지 얼마나 마음 조렸을까를 생각하니 미안하고. 그 때는 요즈음처럼 핸드폰도 있는 것이 아니고 전화하기도 어려웠고 해서 찾았다는 사실을 학교로 알리지도 못하였다.

좀 자유분방한 나의 가르침 탓일까?

선생님 어떻게 해요

오르간도 못 치는 선생

나는 체육과 출신이라서 음악, 미술 교과는 통 맨탕이었다. 그러나 학생들을 가르쳐야 하고, 매일 다른 선생과 교체 수업도 미안하였다. 교사로서의 자존심도 상해 어디 한 번 해 보자하는 마음을 다져 먹었다.

오르간 연습을 아침 일찍, 저녁 늦게 하였다. 출퇴근을 하면서 아는 노래를 부르고, 모르는 노래는 열심히 배웠다. 건반에 오른손 한 손을 올린지 일년쯤 지나 왼손도 따라서 건반 위에서 움직였다.

미술은 "그려라, 만들어라, 쓰라."고만 하고 앉아 있으면 되니까최소한 다른 선생님의 신세는 지지 않아도 되었다. 물론 이론지도는 놓아두고 말이다.

이게 바로 덜 익은 선생이 아닌가?

문 열린 해녀집

죽전.
머구리배 학부형 초청
향긋한 멍게 맛에
소주 먹고 병 빨고
어떻게 왔는지 모른다.
아마도
대낮에
길거리 휩쓸며
갈지(之)자였겠지.
눈살 찌푸리게 했겠지?
시끄러워 눈 떠 보니
도로가 해녀집
문 열린 방에서
얼마나 잤는지…….
미안하고 부끄럽고
철판 깔았지.
그래도 또
가르쳐야지.

월말 고사 치루는 날

월말 고사를 치루는 날 교실을 지나다 보니까 수학과 박 선생님이 교단 위의 교탁에 의자 위에 앉아서 시험 감독을 하고 있었다. 선배 선생님이 취하는 행위라서 나도 그렇게 했다. 군림하는 자세로 개선장군인냥 지금 생각해보니 가소롭다.

젊은 이선생, 너무나도 철이 없었다.

노력 봉사의 날 사건

1960년대는 학생을 동원해서 노력 봉사를 많이 하던 시대였다. 모심기 봉사 활동을 하려고 5학년이 동원되었다. 해봐야 달랑 두 반, 정우근 선생과 나.

농촌 아이들이라서 모내기 실력이 제법이었고 못줄 옮기는 솜씨가 능숙하였다. 옷이나 얼굴에 흙물을 묻히고, 논둑과 무논 바닥에 즐거움이 줄 섰고, 웃음이 한 들이었다.

감자 먹고, 고구마 먹고 허기진 배 채우고 돌아오는 길에 소주 한 됫병, 마른 멸치 몇 마리. '학교에 돌아가서 다른 선생님들과 한자리 해야지' 즐거운 마음으로 들고 왔는데. 텅 빈 교무실, 허탈, 허무, 배신…….

하숙집에 돌아와 둘이서 다 먹고 교무실에 가서 교무실을 쑥대밭으로. '다른 선생님들은 몰라도 윗분들은 자리를 지키고 있어야 함이 옳은 일이 아닌가?' 부하 직원과 학생들을 일 보내 놓고…….

다음 날, 교감이 시말서를 써란다.

상사의 말에 거역하면 대역 죄인이 되기에 "예, 써지요."

다음 날 또 써란다. "예, 써지요."

매일 독촉이다. "매일 써지요."

지금까지 안 써고 있다.

나는 끝내 시말서를 써지 않았다. 행위는 나빴지만 경영자인 그들에게 경영자의 자세가 어떤 것인지 가르쳐 준 것 같다.

교장 문천출, 교감 이상순, 교무 정종신 선생이었다.

나는 1학년이 싫소!

입문기 어린이를 다룰 능력이 없소.
수업 시간 졸졸 따라 다니는 엄마들 귀찮소.
나는 애교 없소.
경상도 사내요.
무뚝뚝해서 엄마들 싫어 할 것이요.
손들고 몸 움직이는 춤 싫소.
운동회 때 원 안에서 많은 부형 앞에서 무용 싫소.
가는 학교마다 고학년했소.
6학년은 필수로.
사십여 교직생활에서 종로서 딱 한 번
1학년은 어떨지? 했다오.

비빔밥 선생

학교에 급식이 시작되면서 얻은 별명이다.

시설이 좋은 학교는 식당에서 학년별로 시차를 두고 급식을 하지만 그렇지 못한 학교는 급식 당번이 교실에 날라다가 급식을 하였다. 아이들이 배식을 하다보면 모자랄 때도 있고 남을 때도 있다.

모자랄 때면 더 가져오게 하고, 남는 것은 큰 밥통에 남은 반찬을 넣어 비빔밥으로 둔갑을 시켜서 희망자는 먹게 배려를 한다.

몇 차례나 이런 비빔밥을 먹어 본 아이들은 맛있다고 점심시간이 기다려진다며 다른 아이들에게도 권하기도 한다.

이런 내가 가는 학교마다 비빔밥 선생으로 통하고 잔밥 없는 학급으로 명명되어진다.

오늘도 그 비빔밥 이야기에 군침이 돈다.

옥토를 박토로, 박토를 옥토로

학부형
진영이
좋은 반을 옥토,
학부형
진영이
좋지 않은 반을 박토.
선생님에 따라서
옥토 박토가 뒤바뀐단다.
이 소리 무슨 소리인지 몰랐는데,
나중에사 알았다.
나는 형광등 선생.

학교 나무는 괴롭다

"야, 이번에 오시는 교장 선생님은 어떨까?"

키 큰 잣나무가 옆에 있는 포플러에게 묻는다.

"모르지, 모르긴 몰라도 또 우리들을 몹시 괴롭히겠지."라고 포플러가 대답을 한다.

이 소리를 듣고 있던 아주 작은 회양목이 "키 큰 언니아들아, 조심해라! 잘못 보이면 팔 자르고 다리 잘려서 다른 곳으로 자리 옮길지 모른다. 지금 이 교장 선생님이 오실 때 운동장이 좁다고 그 그늘 큰 나무를 잘라 없어 버렸단다."라고 8년 전에 심은 나무의 마지막 순간을 일러주고 있다.

"또, 키 큰 언니아들아, 작년에 이사 온 이팝나무 있잖아 죽었데. 옮겨 올 때 술과 물을 배 터지게 먹여 놓은 뒤에는 감질나게 물을 아이들이 먹여주니까 목말라 죽었는지 잘은 모르겠다."고 귀띔을 해 준다.

이와 같은 나무들의 입소문이 보금자리 찾아갈 묘목의 세계에까지 퍼지고 퍼져서 애기농장 나무들이 큰 걱정들을 하고 있다.

"나는 저 높은 산에 가고 싶다. 안되면 마음씨 좋은 아저씨의 정원에 갔으면 좋겠다."고 서로의 소원을 털어놓는다.

3월이 되면 그 소리 더 높고, 나무들의 수난이 시작된다.

가장 불쌍한 나무가 학교에 있는 나무다.

교장이 바뀌면 잘리고, 뽑히고, 자리 옮기고 학교에 있는 나무들의 절규가 귀에 들린다.

눈에도 보인다.

"제발, 선생님들 우리들 좀 가만 두라."고…….

선생님 어떻게 해요?

옆 반 선생님이 걱정 어린 목소리로 "선생님 이 아이 어떻게 해요?"라면서 눈물을 글썽이는 남자 아이를 나에게로 데리고 왔다.

"왜요?"

"바지 좀 보세요."

"으응, 그것."

"오오! 냄새도 좀……."

갓 부임한 초년병 처녀 선생님이라 당황한 모습이 역력하였다.

나는 학교 옆 측백나무 울타리 따라 흐르고 있는 농수로에 실례를 한 아이를 데리고 갔다. 바지를 벗겨 씻기고 바지 빨아 담임에게 주고는 그 다음은 여선생한테 데려다 주었다. 그 뒤는 어떻게 했는지 모르겠다.

초여름 날씨라 춥지는 않지만 아랫도리 내놓고 공부는 하지 않았는지? 준비된 팬티나 여벌 옷은 있었는지?

1학년 담임이 되면 학부형에게 부탁해서 여유 옷을 가방에 넣고 다니게 하였고, 담임이 여벌 옷을 준비해 두기도 하는데 언제 그렇게 준비해 두었겠나. 현장의 모습들을 교대에서 과연 얼마나 들었겠나?

아무 말도 없는 것을 보니 원만히 처리가 된 모양이다.

"선생님 고맙습니다."

다음 날 인사를 한다.

학부형에게 연락을 해서 옷 가져오게 했단다.

돌아오지 않는 자전거

내가 모교인 건천초등학교로 전입 와서 근무하던 60년대는 너 남없이 부족함이 많은 시절이었다. 자전거 한 대 산다는 것은 요즈음 승용차 한 대 구입하는 용기를 내어야 했고, 더욱이 TV 한 대 구입한다는 것은 엄청난 부담이 되었던 시절이었다.

나는 용기를 내어 자전거 한 대를 샀다. 모교에 부임해서 학교 체육 발전에 일익을 담당했기 때문이다.

경주, 건천간 역전경주 마라톤 대회가 해마다 열리고 본교 운동장이 반환 및 출발점이 되기 때문에 당연히 참가해야 하고 우승을 해야만 하였다.

새알고개, 산내길 땅고개, 경주길을 봄부터 가을까지 힘차게 달리며 땀들을 쏟아부었다. 따라 다니기에는 내 힘이 모자라고. 그냥 뛰어갔다 오라고 하면 마음이 놓이지 않고(차 걱정, 게으름 피우는 운동), 경기 코스를 밟아 보려고 왕복을 하려면 버스 타고는 지도가 되지 않아서 크나큰 용기를 내어서 자전거를 샀다. 재산 목록 1호, 금지옥엽 탈날까 닦고, 보고 또 보았다.

타고 또 타고, 달리고 달려서 부임 첫 해 우승을 하고 다음 해에도 우승을 하였으나, 삼년 차에는 몰수 패를 당하였다.

친구들과 학부형들의 열렬한 관심으로 응원차가 동원되고, 뒤따르며 응원하다 상대 선수를 크게 다치게 하고 말았다.

그로부터 이 대회는 없어졌고, 내 자전거는 이웃분들이 빌려가서 볼일을 보는 자전차로 뒤바뀌고 말았다.

"이선생, 자전거 좀 타고 간다."는 말이 무섭게 대문 밖으로 자전거 바퀴는 벌써 굴러가고 있었다.

황남으로 전근을 오면서 두 번째 자전거로 버스 터미널에서 학교와 처가까지 타고 다녔다.

그렇게 아끼던 자전거를 황남 학교 동료들과 낚시 가서 술 취해 음주 운전 안 하려고 못둑에 놓아두고 다음날 가보니 보이지 않았다.

아직까지 그 자전거는 돌아오지 않는다.

어느 노(老) 교장의 딸

경주의 모모 학교 부임 첫 해 4학년을 담임하였다.

학반 배정 추첨의 결과 내 반에 교장, 교감의 딸이 배정되었다.

'내심 경력이 얼마 되지 않은 내 반에 소속된 것을 이 분들은 안타깝게 생각했겠지? 경력이 많은 신선생님이 동 학년이었는데 그 반이 안 된 것이 끝내 아쉬웠겠지?' 이런 생각을 하면서 열심히 했고, 여느 아이들과 다름없이 똑 같은 사랑을 골고루 주면서 1년을 보냈다.

학년말 어느 날 교장실에서 호출이 왔다.

"이선생, 우리 영주가 우등생 권내에 들어가지 않더냐?"고 예상 밖의 질문을 하셨다.

"얘, 안 들어가도 많이 안 들어갑니다."라고 거침없는 말씀을 드리게 되었다.

"그래요, 3학년 때까지는 우등상을 받았는데 알았다."고 하셨다.

이 교장선생님은 내가 모신 여느 교장선생님과는 매우 다른 분이시다.

화를 낼 줄 모르시는 분, 화가 나도 겉으로 나타내시지 않는 분, 근엄하시면서도 직원의 의사를 존중하시는 분이셨다.

아침 조회가 있는 날은 꼭 재미있는 이야기로 시작해서 중간에 끝맺고 다음 시간을 약속하면서 아이들에게 호기심을 잔뜩 갖게 하는 이야기 박사 교장선생님이셨다. 그러니 아이들에게 월요일 조회시간을 기다려지게 하였다.

직원회의 때에도 말없이 끝내는 경우가 허다하다.

"선생님들이 다 말씀하셨는데 내가 뭐 할 말 또 있나 끝내자" 이시다.

업무 처리를 하실 때에도 담당자의 계획을 검토하고 수정 보완해서 서류를 주면서 "나는 이렇게 했으면 좋겠는데, 선생님 생각은 어떠냐?"고 의견을 개진하시고, 그러노라고 하면 반드시 언제까지가 뒤따른다.

약속된 기간 동안은 한 마디의 말씀도 없다. 그 날이 되면 확인을 하시고 진척도에 따라서 격려와 질책이 주어진다.

내가 내 입으로 약속한 일이니까 안 할 수가 없다. 남이 보는 앞에서는 여하한 꾸중도 절대 안하시는 분이시다.

학년 말 봄 방학 어느 날 퇴근길에 "이선생, 우리 집에 가자." 고 하셨다. '왜, 가자고 하시는지?' 궁금하다. 거절할 수가 없다.

나는 "예"하고 따라 갔다.

방문을 열고 들어가는 순간 어리둥절했다. 진수성찬에 술까지 곁들여서 나를 맞이하였다.

"이선생, 고맙다. 우리 영주가 1,2,3학년까지 우등상을 받아서 공부를 잘하는 줄 알았다. 모자람 그대로를 나에게 보게 해 주어서 너무 고맙다." 하시면서 술을 권하셨다.

교장 선생한테서 거나하게 대접받고, 신발을 신는다.

나의 일에 보람을 느끼면서 대문을 나서고, 운동장을 나서면서 줄 지어 늘어 선 수양버들나무들과 속삭였다.

'나는 언제나 정직한 선생되겠노라.'고.

열일 제쳐두고

3학년짜리 영주가 감기 증세로 경주 기독병원에 입원하게 되었다. 어머님이 병간호를 하셨다. 입원하는 날 서약서에 "도장을 찍어라."고 해서 찍었는데 좀 이상하였다. 나는 수술도 아니고 입원하는 데 왜 도장을 찍어야 하는지 의아했다.

그러나 뭐 별것 아니겠지. 감기인데, 요즘 병원 관례가 그런가 보다고 생각하고 의심도 없이 도장을 찍었다.

입원 3일차 6학년 수학여행을 가는 날 아침 간호하고 계시는 어머니로부터 긴급 전화가 왔다. "아이가 위독하다."고 빨리 병원으로 오란다.

아이들 인솔로 수학여행은 가야하고, 기차 시간은 다 됐는데 어쩌란 말이냐. 나는 긴급으로 수학여행 인솔은 다른 선생님으로 대치하고 병원으로 가는 데 차가 있어야지. 이 시절에는 건천에 버스나 기차 이외에는 별다른 교통수단이 없었다. 형편이 좀 나은 사람은 오토바이가 유일한 교통수단이었다.

잠자는 윤××를 깨웠다. 놀란 친구와 병원에 허겁지겁 도착해 보니 아이는 산소 호흡기를 달고 있었고, 기진맥진이었다.

의사는 빨리 대구 큰 병원으로 가라고 한다. 차를 대절하자니 갑자기 준비된 돈도 없고 병원 입원비도 지불해야 하는 데 난감한 차에 의사는 입원비는 나중에 정산을 하고 먼저 가란다.

내가 책임을 질 테니까 서둘러 가라고 하고 택시를 불러 주었다. 헐레벌떡 달려온 박노환 선생님이 담당의사가 50 대 50이라고 하니까 빨리 가라고 하였다.

이른 아침 잠자다 깨서 순식간에 대구까지 달려온 친구가 너무 너무 고맙고, 박노환 선생님이 또한 고맙다.

아이들 농협장학금, 이종동생에게 대출, 내 승진을 위해 애쓴 노력, 전화넣던 이야기, 특히나 아버지 초상 때 장지 문제를 함께 걱정해 주던 그 마음을 잊을 수가 없다.

사람은 귀천이 없다

학교 청부일을 하다가 공무원 시험에 합격하여 첫 발령으로 건천학교에 서무주임 '김××' 이라는 인형이 왔다.

'학교의 청부 출신이 뭐 대단 하리' 라고 모두들 하찮게 생각하며 그를 대하고 있는데 나는 그렇지 않았다고 자부한다.

나하고 마주앉아 아침저녁 얼굴 맞대고, 퇴근하면 한 잔하는 사이로 둘이 정이 두텁게 들었다.

한 잔하다 늦으면 우리 집에서 자기도 하고, 도시락도 함께 나누어 먹으며 격의없이 되었다. 교장은 그에게 업무를 주지 않고 업무능력을 의심하였고, 당사자에게 울분만 쌓이게 하였다.

몇 선생님들도 그를 비하하기만 하고 반갑게 맞이하여 주지 않으니 감정만 쌓이게 되었다. 이렇게 설움만 받다가 교육청에 들어가서 몇 년이 지난 뒤 감사관으로 학교를 방문하게 되었다.

'털면 먼지 안나나?' 라는 속담이 생각이 난다. 입장이 곤란하게 된 교장과 졸업 앨범과 졸업생 저금 관리에 문제가 있는 모모 선생님이 나에게 부탁을 하였다. "김××를 무마시켜 보라" 고……. 학교에 문제가 생기면 좋지 않으니까 나는 "그러겠노라."고 하고 부탁을 했더니 "이 사람아 왜 나서느냐? 입장 곤란하게, 알았다. 청에 한 번 가 봐야지 나도 모를 일이다." 나중에 보니 '요주의' 조치가 되었단다.

나의 입장을 세워 주었다. 군에서 시로 전보될 때 바로 경주시 1급지 학교로 가기가 어려운데 바로 1급지로 전보가 된 것도 그의 덕이었다.

나중에 알고 보니 이종동생이라고 인사 담당자에게 떼를 썼다나. 이런 저런 교직생활에서 도움되는 일들을 많이 챙겨 준 잊혀지지 않는 분이다.

사람은 귀천이 없음을 일깨워 주었고, 정은 정으로 되돌아온다는 사실도 알게 해준 고마운 분이다.

그 때는…?

모교에 전근을 와서 생활을 할 때 이런 저런 도움을 받은 친구의 이야기이다.

나는 모교의 선생이고, 그는 면사무소 공무원이었다. 성격이 활달한 중학교 동기 윤××였다.

그 때의 나는 농사를 하시는 부모님의 농사일을 곧잘 도우며 모교에서 교직에 몸담고 있었다. 중학교 졸업을 하고 유학길에, 군 생활에, 객지의 학교에서 근무하느라 농사일을 언제 해 보긴 했나, 하는 흉내만 내는 정도였다.

유난히도 그 해는 가뭄이 극심하여 관정을 박거나 물구덩이를 파서 농사에 필요한 물을 확보하는 것이 최대의 일이였고. 양수기를 확보하는 것이 가장 급선무였다. 정부에서 보조하는 양수기와 호스는 턱없이 부족하였다. 걱정하는 나를 도와 양수기며 호스를 확보해 주어서 부모님에게 떳떳한 자식의 노릇을 하게 되었다.

집 앞 냇바닥에 뚫은 관정의 물을 집 뒤의 논에 끌어넣기 위해서 도로를 파서 호스를 깔고 양수기를 돌렸지만 워낙 거리가 멀어서 충분한 수량 확보에는 못 미쳤지만 그런대로 해갈할 수 이 있었다. 또한 벼논의 해충 방제를 위해서는 고성능 분무기가 필요했으며 그 또한 확보해 주었다.

다 찌그러져 가는 집을 개축하고 있는데 군청 담당자가 그 현장을 보고 불법 건축이라고 지금까지 지은 집을 뜯어내라고 한다는 소식을 퇴근해서 접하고 정말 난감하였다.

그때의 나는 너무 세상 물정을 몰랐다. '내 땅에 내 돈 주고 내 집 지으면 되지' 라는 생각으로 허가 없이 건축을 하였다.

만만한 것이 친구였다. "어떻게 한 번 조치 해 보라"고 말했더니 그 뒤로는 아무 소식이 없었다. 무사히 건축을 마쳤고 지금까지 나도 말 없고 친구도 말이 없다. 오늘에사 이 사실을 세상에 말한다. 고마운 친구라고. 그 때는 곤란하지는 않았는지?

내가 누구게

나의 바람

대구 산격초등으로 전입 와서 두 해째되는 해 교무주임을 맡고, 담임반이 2학년 5반이었다. 그 때의 반 아이들을 소재로 쓴 글을 세상에 내놓으려니 감개무량하다.

사랑하는 아이들아
2학년 5반 아이들아
너희들의 재잘거림에
오늘도 하루 가고,
너희들의 웃음소리에
일 년이 하루 같네.

슬기롭고 씩씩하게

자라만 주면
내 바람
또 무엇 있겠느냐?

얘들아.
슬기롭고 씩씩하게
자라만 다오.

건천 졸업식날 불소동

내가 가는 곳마다 불이다.

불이 나를 따르는 것인지 내가 불을 따라 가는지 알 수가 없다.

첫 번째 불은 경주 건천초등, 둘째는 경주 황남초등, 세 번째는 대구 산격초등, 네 번째는 대구 남송초등이었다.

건천초등학교 6학년 담임들은 강당에서 식장 준비를 하고, 교무실에는 지난 밤 숙직인 교무와 오늘 일직인 내가 있었고, 교감이 일찍 출근해 계셨다.

아이 하나가 숨 가쁘게 교무실로 들어오면서 "선생님 불났습니다. 6학년 교실에 불났어요."라고 고함을 질러댄다. 천지가 진동하는 소리다. 하늘이 무너지는 소리였다.

'오늘이 졸업식 날인데 어떻게 하나' 말문이 막힌다. '졸업식 망치는 것 아닌가?' 순간 걱정이 태산이었다.

교감은 2층으로 뛰고, 맨손으로 불타는 벽채를 뜯어내고, 물통이 들어오고 '빨리 빨리' 소리가 요란하고 우왕좌왕이었다. 다행이 콘크리트 천정이고 벽이라서 쉽게 옮겨 붙지는 않았다. 불길이 잡혔다. 왜 불이 났는지 따져 볼 겨를이 없고, 불난 흔적을 그냥 둘 수가 없었다.

졸업식을 해야 하니까 발 빠른 동작으로 복구가 시작되자 말자 눈 깜짝 할 사이에 전과 같지는 않지만 우선 보기에는 괜찮았다. 칠판이 바뀌어지고, 벽면의 졸대가 바뀌고, 칠해지고, 쓸어내고, 닦고. 권명광, 유용태, 삼총사의 활동이 눈부시게 뛰어났다.

출근한 교장이 직통으로 현장을 목격하고는 "불났다더니 괜찮네, 졸업식하자, 걱정하지 마." 직원들을 안심시키고 졸업식 독려를 하시는 것이 지도자의 참 모습이었다.

'왜 불이 났을까? 하필이면 졸업식날 아침에' 담임들의 협의 및 반성의 결과는 수상 대상자 선발에 있었다고 결론을 지었다.

"저축상 수상을 액수가 적은 아이가 받게 되어서 그에 불만이 있었던 것이 아닌가 짐작이 간다." 는 선생님의 고백을 들었다.

졸업해 나가는 놈을 불러 따지자니 시끄럽겠고, 담임의 잘못이 명백하니까 그냥 덮어 두고 말았다.

높은 분들도 아무 말씀 없는데…….

황남의 불도 아침 시간이었다

나는 남보다 일찍 출근해야 직성이 풀리는 성격이다. 그날도 먼저 출근해서 교무실에 있는데 "1학년 교실에 불났다."는 한 아이의 신고가 들어왔다. 나는 복도를 뛰어 가면서 "복도에 있는 소화기 모두 가져오라."고 고함을 질렀다. 현장에 가 본 결과 어저께 치워둔 난로재가 교실 뒷쪽 작품진열대 밑에 놓여 있었고, 조금씩 타오르면서 불꽃이 일어날 찰나였다. 아찔한 순간이었다.

얼른 잿통을 창문 밖으로 던져버리고 소화기 한 방을 쏘니 불은 꽥 소리 못하고 죽었다. 소화기의 위력이 대단함을 체험하였다. 이것은 지킬 규칙을 실천하지 않은 담임의 책임이 100%였다. 틈새로 2층에서 보면 아래층이 보이는 낡은 목조건물인데 걷잡을 수없는 사태가 벌어질 뻔한 아침이었다.

학교장과 청부들의 빠른 처리로 단숨에 복구가 되었다. 바로 이웃하고 있는 교육청에서는 아무도 몰랐다. 심지어 교문 앞에 있는 문방구조차도 몰랐단다.

덕분에 나는 소방 교육받은 실력 발휘해 보고, 흰가루 덮어쓴 양복 벗어 던지고 체육복으로 갈아 입고 수업을 마친 뒤 퇴근하였다.

산격의 불은 방학 때였다

일요일 한낮에 아무도 없는 교실의 교사 책상 서랍에서 발화가 되었다. 방화가 틀림없는데 누가 왜 그랬는지? 아무도 모른다. 당국에서도 조사하지 않으니까 알 리가 없었다.

산격학교 불은 불나고도 상을 받는 전화위복의 불이었다. 철저한 순찰과 발 빠른 대응 조치가 눈에 띄었다는 이유에서였다.

소방차, 경찰차, 많은 신문사 보도차, 교육청차, 정보기관차 등이 뻔질나게 드나든다. 각자의 목적을 가지고. 경찰과 소방차는 안전하고 빠른 사고 처리, 신문사차는 기사감 찾기, 정보기관차는 용공분자의 소행인지, 교육청차는 근무 상황 파악하려고 수차례 학교를 방문하였다.

교육청을 제외한 타 기관은 1회성으로 끝났지만 교육청은 수도 없이 방문하였다. 순찰시계는, 순찰 상황은, 열쇠관리는, 당직일지 기록은 등등 각종 조사 질문도 번거로웠지만 교육청의 조사는 매섭게 다그쳤다.

남송의 불

남송의 불은 교실 바닥에 꾸며놓은 어항에서 일어났다. 교실 바닥에 비닐을 깔고 둘레에 블록을 놓아 꾸며놓고 모래 넣고, 작은 바위, 인조 물풀도 넣어서 콘센트에 연결하여 물레방아 돌고 분수가 생기도록 장치를 해서 고기를 넣어기르는 어항이었다.

내가 출근을 해서 교실을 한 바퀴 도는데 현장은 좀 이상하였다. 다른 교실은 운동장쪽 창문을 통해서 하늘이 보이는데 이 교실은 아무것도 안 보였다. 지나치다가 이상하다싶어 뒤돌아 가서 자세히 보니까 교실 안이 캄캄하였다. 연기가 자욱하였다.

나는 급하게 뛰어 내려가서 열쇠 뭉치를 들고 올라오면서 다른 선생님께 이 사실을 알리고 아이들 접근 금지 조치를 하고 화재 진압에 들어갔다.

문 열고 들어가는 순간 숨이 콱 막혔다. 자세히 보니까 어깨 높이만큼의 위에 연기층이 생겨있었다. 상체를 낮추고 들어가서 처리를 하고 창문을 하나씩 하나씩 천천히 열어 연기가 빠지는 상황을 보고 창문을 열도록 조치하는 중에 담임이 들어왔다. 불은 그렇게 소화되었다. 코 앞에 교육청이 있기에…….

앞의 네 가지 사례는 '소방훈련을 받았기에 행동이 실천으로 옮기는 과정이 민첩하게 이루어져서 산격의 불 이외에는 모두 무사히 마무리가 되었다.' 고 나는 믿고 싶다. '모든 학생이나 선생과 근무하는 사람들은 평소 소방훈련을 많이 해야 한다' 고 말하고 싶다.

이는 재산과 생명을 보호하는데 필수임으로 유비무환(有備無患)의 정신으로 평소의 훈련이 절실함을 체감하였다.

마음은 콩밭에

80년대만해도 대구의 중심지 학교라도 교실에 조명등이 없었다. 흐린 날에는 교실 안이 어두워서 수업에 지장이 많았고, 아이들 눈 건강에도 많은 영향을 주고 있는 실정이었다.

교장에게 건의해 봐도 예산 타령이니 허사였다. 학부형 도움을 받자고 몇 선생님들과 협의한 후 교장께 건의했다. 한 마디 물음도 거절도 망설임도 없이 OK였다.

한 반에 형광등 4개씩, 설치비 얼마씩 내기로 하고 학부형 대표에게 알려 드렸더니 모두들 찬성이었다. 십시일반(十匙一飯), 자녀들의 건강에 좋은 일이니까. 그런데 탈은 담임의 경비 조달 행태가 문제인 걸. 이게 당시 몇몇 교사들의 풍조였다.

조달된 경비는 모두 서무실로 납부되었고, 찬조금으로 공사한 경비를 공금(학교 예산)으로 한 것처럼 서류 만들고, 통장에 넣었다 업자에게 지불한양 업자 통장으로 송금하고, 되돌려받는 수법으로 챙기는 서무주임과 교장. 이게 무슨 선생인가? 지탄 받아 마땅하지!

내가 누구 게?

밤이면 파도 소리 요란하게 들리는 해변가. 성게 잡고 멍게 잡아 술안주하며 한 해를 즐겁게 보낸 해변의 한 학교, 경주 나산초등학교였다.

그 날도 기분 좋게 술 한 잔하고 흙먼지 풀풀 날리는 숙직실로 발길을 옮겼다. 교장의 관심 부족으로 숙직실이 마구간 같은 곳에서 많은 선생님들이 육백, 짓고땡 오늘도 하겠지. 놀이라고는 그것뿐이 없는 오지에서.

나는 놀라게 해 주어야지 마음먹고, 재미있게 놀고 있는 숙직실 창문(한지를 붙여서 여닫는 문)으로 펑 머리를 처박고 "내가 누구 게?"하면서 크게 웃으니 방 안이 온통 웃음바다가 되었다.

"교장 선생님 숙직실이 이게 뭐입니까? 좀 깨끗이 해 주시지."

한 바탕 내뱉고. 잠자러 빠이빠이.

선생님 얼마에?

"이선생님 나 시말서 안 쓰게만 해 주세요."

부임하자 교장이 한 말씀이었다.

나를 면담하지도 않은 상태에서 체육주임 이야기를 한 것은 경주 공기 함께 마시며 지낸 권명광, 정영, 박정현 이 분들이 이 학교에 있었기 때문이 아닌가 짐작이 된다.

경산에서 전입오자마자 체육 성적 부진으로 시말서를 썼다는 교장의 과거사를 알게 되었다.

학창 시절 경남 대표 선수 생활, 110미터 허들 경남 기록 보유자, 각종 체육대회 입상 경력, 체육과 출신, 중학교 체육교사 경력, 경주시 대표 선수 지도 경력 및 입상시킨 활동들이 교장의 귀에 솔깃했던 모양이었다.

나는 파격적으로 주임에 임명되었다. 지방에서 전입한 교사가 전입되자마자 주임에 임명된다는 것은 나를 모르는 많은 선생님들로 하여금 의아해 하기에 충분하였다.

"선생님 얼마에 주임되셨나요?"하고 묻는다.

기가 막힌다. 이게 당시의 대구시 풍조란다. 덜된 선생님들 같으니라구.

교무 자리

육상에 김목희, 김장환, 유도에 곽홍수, 검도에 박응구, 학교체육 총괄 이윤식. 다섯 쳇바퀴가 잘 돌아가고 있었고, 성적도 상승하였다. 대구 대표 높이뛰기 선수 배출, 각종 유도, 검도 대회 입상 수 차례, 학교 대항 종합 육상 대회에서의 상위권 진입, 멋진 카드섹션, 그 해 가을 운동회도 깔끔하게 마무리를 잘 했고, 대회 출전 선수가 있을 때마다 교장께 선수 격려금 지급(격려했는지 안했는지는 모르지만), 지도 교사들의 뒤풀이도 걸쭉하게.

나는 다음 해에는 교무주임으로 임명을 받았다.

모든 선생님이 또 놀란다. 그러나 얼마에……. 소리는 나오질 않았다. 내가 경쟁을 해서 된 주임이 아니고 교장의 기대 수치에 맞아서 임명된 것이기에 누구 하나 색안경을 끼고 보는 사람은 없었다.

체육주임 때와 같이 비담임으로 교장 보필을 잘 하지를 못했다. 친목회를 통한 보필의 능력도, 마음도 없었다.

"교무 자리를 다음 해에는 다른 사람에게 임명하려고 한다."는 정보를 교감을 통해서 알게 되었다.

"체육주임이고 뭐고 아무 주임도 필요 없다."라고 말하라고 교감이 일러주었다.

아니나 다를까. 교장이 나에게 "이주임 올 해 주임이 체육주임을 안하니까 체육 성적이 많이 떨어졌는데 내년 학년에는 체육주임을 다시 맡아 주었으면 하는데 주임 생각은 어떻습니까?"라고 물었다.

"교장 선생님의 생각에 교무를 바꾸고, 체육주임에 나를 임명하려면 할 도리가 없지요. 교무하던 사람이 어떻게 체육을 합니까? 아무 것도 안하겠습니다. 저의 체면도 있지요."라고 교감의 귀띔대로 했더니 다시는 교무 자리에 대해서는 말이 없었다.

그 뒤로부터 체육에는 졸업을 하고 대구시내 몇 군데 학교에 가는 곳마다 교무 아니면 연구 자리를 맡게 되었다.

한편 고마운 교장이지만 덜 된 교장. 알랑방귀 뀌는 봉투의 흔들림에 놀아나는 교장들도 흔히 있었다.

옛 것을 훗날에

부모님들이 사용하시던 유품들을 오래 간직해 보려고 고향땅을 떠날 때 이삿짐 속에 꾸려 왔다. 아파트의 좁은 공간 어디에도 둘 곳이 마땅 찮았다.

남송학교로 전입을 와서 보니 중앙 현관이 너무 넓고, 넣어 둘 유리장이 여유가 있어서 교장선생님께 "내가 간직한 옛 물건을 모두 기증할 경우 현관의 유리 상자가 모자라면 더 만들어 줄 수 있는지요?" 의사를 물어 본 결과 만들어 주기로 약속을 받았다

도리깨, 망태기(씨), 화로, 인두, 다리미 1, 작은 가래, 다리미 2, 호롱, 초배기, 화로 손, 화로젓가락, 못줄, 장 종지, 호미, 소 입 막는 홍오리, 맷돌, 빨랫돌, 멍에, 베틀채, 사리로 만든 나무상자, 도끼, 장도리, 가위, 도자기 밥그릇 등 부모님 손때가 묻은 유품들이었다. 내 마음 함께 간직하였다.

먼 훗날 오늘이 과거가 되는 날, 옛 것을 알게 하려는 선생의 마음으로.

학교 방문

아내가 제주도 갔다가 돌아오는 날, 대구에 갔다가 은행 볼 일을 마치고 시간이 있어서 내가 근무하였던 남송, 대서초등학교를 방문하였다.

남송은 내가 기증한 골동품이 23점이 보관 전시되어 있는 학교이다. 고향에 살면서 사용하던 부모님 유품과 생활용품을 보관하고 있다가 대구로 오면서 비좁은 아파트에 두기가 곤란해서 김규련 교장 선생님과 협의를 하고 현관 유리장에 보관해 두었기 때문이다.

유리장에 잘 정리가 되어 보관되어 있고 기증자인 내 이름도 조그만 하게 적어 두었음을 확인하고 감회가 새로웠으나 도리깨

를 비롯해서 몇 점이 없어져 섭섭하였다.

다른 곳에 전시 보관되어 있는지 확인해 보지는 않았다. 아마도 보관해 두었으리라고 믿고싶다. 많은 도시의 아이들이 옛 우리의 조상들이 사용하던 생활 용품을 직접 눈으로 보면서 우리 발길을 것을 배우는 기회가 되기를 기대도 하면서 말이다. 운동장을 보니 담장은 모두 헐렸고, 헐린 자리에는 학생과 오가는 행인들에게 쉼터를 제공해 주는 배려가 있음을 보고 발길을 대서초등으로 옮겼다.

대서초등은 내가 40여년의 교직생활을 마감한 학교라서 애착이 더 가는 학교다. 좁은 운동장에 나무가 많이 심어졌고, 조그마한 동산을 만들어 둔 것을 보면 아마도 학교를 공원화하려는 의도가 아닌가 생각되며 교문의 통로에는 덩굴 터널이 조성되었다.

「명예의 자리」라는 표지석을 본관 교실 앞에 세워 두고 학교의 이름을 크게 떨진 학생의 이름을 새겨 대리석판에 올려주는 학교의 배려는 자라나는 아이들에게 목표를 향해 노력을 하라는 묵시의 당부인 것 같아 매우 인상적이었다.

남송학교에 골동품을 기증해 두었다고 소개를 했더니 기증자 이름만 붙여 놓지 말고 사진도 함께 보관해 두면 먼 훗날 자손들에게 줄 자랑거리가 안 될까고 아이디어를 주셨다. 정말 좋은 생각이다. 꼭 하겠다고 마음을 다지고 발길을 돌렸다.

사진을 붙이려 갈 때는 무엇을 하나 들고 가야 할 텐데……. 찾아보고 마련해 봐야지.

생각나는 아이들

비 오는 날

합천 가회면은 산골이다. 황매산 기슭의 골짝물이 비만 오면 세차게 흘러내리는 계곡을 안고 있는 면 소재지이지만 하루에 두세 차례 버스길이 열리는 오지였다.

비 오는 유월의 어느 날이었다. 그날 따라 비가 유난히도 많이 왔다. 등교 시간에는 조금씩 왔는데 시간이 갈수록 더 많이 왔다.

'우리 아이들을 어떻게 하나' 창 밖을 내다보면서 걱정을 하고 있었다.

"땡- 땡- 땡- 땡"

직원 모임 종소리가 반갑게 들렸다. 지금부터 하교 조치하자는 결론에 따라 구평 마을 물길을 책임 맡았다.

6학년 어린이들과 협조하면서 물길을 건너주고 있는데 한 아이가 큰일이나 난 것처럼 고함을 지르면서 야단이었다. 신발을 떠내려 보냈단다. 나는 신발을 건져주려고 하다가 그만 미끄러져서 한두 바퀴 뒹굴며 흙탕물 먹고 정신을 못 차렸다.

코 빼물고 눈물 자욱 드러내었던 1학년 그 꼬마 모습이 지금도 눈에 선하다. 천진함 그대로.

미감아

모두들 승진하려고 미감아가 있는 학교로 곧 잘 찾아가는 것이 교직 사회의 풍조이다. 나도 그 풍조에 휩쓸리는 한 사람이었다.

'가긴 가는데 그런 아이들과 어떻게 지낼까' 걱정을 하였다. 학반 맡은 첫날 어떤 아이일까? 어떻게 생겼을까? 궁금증을 가지고 교실에 들어갔는데 어느 아이가 그 아이들인지 전혀 알 수가 없었다. 겉으로는 전혀 표가 안 났다.

담임에게 배부된 학반 명단을 보고 이름을 부르면서 한 사람 한 사람 첫 상면을 할 때 비로소 누구인지를 눈도장 찍게 되었다. 여타 아이들은 전혀 모른다. 알게 되면 대혼란이 온다. 사회적 문제가 되기에 전적으로 1급 비밀이다.

친구들과 함께 천진난만하게 뒹굴며 놀고 있는 모습들을 보고서 안심이 되었고 선입감을 떨쳐 버리게 되었다. 점심시간에 분단을 만들어 돌아가며 한 자리에서 도시락을 먹는 것이 학반 경영의 방법인데, 이들과 한 자리해야 할 차례가 되니까 조금은 걱정이 되었다만 도시락 펴고 함께 앉아 반찬 나누어 먹으면서 이런 저런 이야기들이 쌓여 가니까 평상심이 되었다.

이들의 부모는 정상이다. 할아버지가 그렇단다. 이들은 그런

것 전혀 모르고 산단다.

격리된 상태로 할아버지들이 따로 살고 있으니까 모를 수밖에. 미래가 걱정이 되는 아이들이다. 지금은 어떻게 지내며 살까? 시내로 전학을 간다고 했었는데…….

지체부자유아

경주시 의곡초등학교 4학년 담임하던 첫날 한 쪽 다리가 불편한 아이와 만났다.

'내 반에 저런 아이가…….' 목발 짚고 절룩이며 오는 모습을 보니 앞으로가 걱정스럽고, 어떻게 가르쳐야 할까가 망설여졌다.

오리(五里) 정도 떨어진 마을에서 등하교하는 아이니까 더욱 걱정이 되었다.

부모가 번갈아 가면서 등교를 시켰다. 비가 오나 눈이 오나 덥거나 추워도 지극 정성이다. 그러던 아이가 방학이 지나 2학기가 시작되었는데 학교에 오지 않았다. 그것도 3일이나. 혹시나 하는 생각으로 걱정이 되어 가정 방문을 갔다.

반갑게 웃음 띤 얼굴로, 미안한 표정으로 맞이하였다. "선생님 미안합니다. 연락드린다는 게 지금 까지 늦었습니다."고 아무런 일이 벌어진 상황은 아닌 것 같아서 원이 좀 보자고 하고 방안으로 들어가는 순간 아래도리 옷을 갈아입고 있었다. 고추가 쏘옥, 당황하며 손으로 가리는 한 점 티 없는 모습이 눈에 들어왔다.

"선생님이 소개해 주신 서울의 지체아동 교육기관에서 생활하다가 와서 며칠간 쉬고 있고, 우리 아이는 그 곳에 가 보니까 정상이고, 아무 것도 아니다."라고 하는 말 속에는 희망 찬 용기가 보였다.

참 다행이었다. 지금은 어떤지 궁금해진다. 아마도 마흔줄은 훨씬 넘었을 것이다.

간장 앙— 간장

가정 방문을 하는 경우 꼭 문제가 있다고 생각되는 아이 집에 가는 것이 나의 마음이다. 3일간의 방문 기간 동안 전체 반 아이들의 집에 방문 간다는 것은 형식에 그칠 것 같아서 내 방식대로 해서 아이들 지도 자료에 참고로 하여 왔다. 다른 선생님들 보다는 좀 아쉬움은 있지만.

이용희 집에 가는 날이었다. 막걸리 사들고, 순대 한 접시 사들고 예고도 없이 불쑥 나타났다. 물론 아버지가 오늘 집에 계신다는 정보와 술 잘한다는 정보는 가지고 있었다.

머리를 숙여야 들어 갈 수 있는 단칸방 살림이었다. 담임이라는 말에 아주 당황하고 안절부절이다. 나도 놀랐다.

"간장? 간장 사이소." 소리 지르며 학교 근처를 꼭 하루에 한 차례씩 리어카 끌고 지나가는 사람이 아닌가?

"이런 집을 찾아 주어서 고맙다."는 인사를 듣고 막걸리 먹은 얼굴로 손잡고 나왔다. 이젠 25~6년이 지났으니까 그 놈도 40줄이 되어 가는 건강한 청년이 되었겠지?

부모님 봉양 잘하고.

장학금

종로 학교 때의 일이었다.

졸업을 며칠 앞두고 김준우가 담임인 나를 찾아와서 "선생님, 졸업 때 장학금 저 줄 수 없느냐?"고 물었다.

장학금 수혜자가 모두 정해진 상태이고, 수상 대상자가 모두 결정된 뒤였기에 일이 안타깝다. 좋은 소리 못하고 안타까움을 안고 보냈다. 큰 용기를 내어서 나를 찾아 왔을 것인데…….

뒤에 알고 보니 할머니 슬하에 지하 단칸방에서 살고 있었다. 장학금을 받는 아이는 이 아이 보다는 형편이 나은 편이었다. 내 마음을 아프게 하였다.

지금도 아프다. 평소 가정 방문 금지 조치가 옳지 않다고 주장하는 이유가 바로 여기에 있었다.

알아야 잘 가르치재.

창문 넘는 아이

"이선생, 종수가 이선생 반이 되었나?"

"예, 왜요?"

"그 놈 골치 아프다. 잘 다루어야 한다. 그래야 학반이 1년간 편하다."라고 4학년 때의 김선생님이 귀띔해 주셨다.

아니나 다를까 마치는 종이 울리고 수업이 파하자마자 창문을 뛰어넘어 운동장에서 미친 듯이 공차기를 하였다.

'야, 이놈 봐라. 담임이 교실에 있는 데도…….'

시작종이 울리자 창문을 넘어 교실로 들어온다. 두세 차례 보고만 있었다.

"종수, 그만 해라!"

"예, 알았습니다."

그때 대답뿐이다.

다음 날 '오늘은 보자' 작정하고 창문으로 넘어 오는 놈을 밀쳐버렸다.

쿵덕.

아야.

아이들 모두 깔깔깔거렸다.

향나무 꽃밭 둘레석, '혹시 부딪치지나……'

나는 모른 척 했다.

뒤문으로 들어왔다.

2시간 마치고 창문으로 또 훌쩍.

'건망증이 있나?'

또 넘어 들어온다.

들어오는 놈을 마룻바닥에 내팽개쳐 마구 때렸다. 실컷 때렸다. 녀석은 무척 맞았다. 요즘 같았으면 폭력 교사로 지탄을 받고 옷을 벗었을 것이다.

그 후로 창문 넘는 행동은 사라졌는데, 학교가 분교되면서 천포로 갈 때 눈물을 글썽이면서 인사를 하였다.

그 때 헤어지고 못 만났는데, 고향 가는 어느 날 경운기 소리에 놀라 뒤돌아보니 인사하는 건장한 청년이 종수가 아니었던가.

"선생님 종수입니다."

"종수, 정말 종수가? 야! 정말 반갑다. 그래 어떻게 어디에서 살고 있나?”

“예, 건천에 살고 있습니다. 어디 가서 막걸리 한 잔 대접하겠다.”고 청한다.

사제간에 처음으로 한 자리하자는데 뿌리칠 수가 없어서 열 일 제쳐두고 같이 했다.

“선생님 한 말씀드릴까요?”

“그래 해 봐라.”

순간 그 때의 생각이 스쳐 갔다.

“선생님 참 고맙습니다. 그 때 선생님이 나를 그렇게 혼내주시지 않았고, 돌봐주시지 않았으면 오늘의 제가 없었습니다.”라고 말하면서 일어나서 큰 절을 올렸다.

흐뭇한 순간이었고, 훌륭한 제자를 갖게 되었음에 보람을 느꼈다. 건장한 농사군의 모습이 정말 자랑스러웠다.

제자들을 생각하다

원고 한 뭉치

대구에 있을 때는 서장(書欌)이 있어서 가지런히 잘 챙겨 두었는데 삼천포로 이사를 오면서 아직 서장을 갖추지 못하고 서실 방에 쌓아두게 되었다.

버릴 것은 버리고 보관할 것은 보관하려고 짐을 챙기며 정리를 하다가 원고 한 뭉치를 발견하였다. 제자들이 나에게 보낸 편지며 그들이 쓴 일부의 글들이었다. 감회가 새롭고, 모습들이 눈에 선하다. 보고 싶다.

아마도 내가 교직 생활을 1961년도부터 시작하였으니까 초, 중을 합쳐서 제자들이 이천은 훨씬 넘지 않을까 짐작이 된다. 오십줄에서 이십줄은 모두 되었겠다. 훌륭하게들 자라서 맡은 바 할 일에 열심히들 하리라.

당와 조각 목걸이

당와(堂瓦) 조각의 목걸이를 누가 나에게 주긴 주었는데 누가 준 것인지 잊고 오늘날까지 필요할 때면 걸고 다니는데 오늘에사 잊었던 기억을 되살려준다.

그 목걸이는 경주문화엑스포 상징의 당와 조각이다. 내 고향의 상징이기에 매우 아끼며 소중히 간직하고 사용하고 있는데 재광이의 편지를 보고서야 그 주인공을 알게 되었다.

To 이윤식 선생님께

안녕하세요? 저 재광이입니다. 4학년 때 제가 드린 목걸이를 아직도 걸고 다니시더군요. 교문 앞에서 만났을 때 "이것 네가 준 것이지"하셨지요. 너무 감사합니다. 아직도 걸고 다니심에 더더욱 감사히 생각합니다.

그리고 선생님을 생각하면 비빔밥이 생각납니다.

체육도 좋아하셔서 체육을 많이 하셨죠?

그 때는 아주 재미있었습니다. 지금은 체육 선생님이 되셔서 저희 6학년을 가르쳐 주심에 더욱 고맙게 생각합니다.

선생님 사랑합니다. 오래오래 건강하세요.

2000년 5월 15일

재광 올림

눈물

아침 운동장 조회 시간에 퇴임 인사를 하고 들어가려는 순간 한 놈이 뛰어 나오면서 눈물을 흘리며 헤어짐이 섭섭하여 나를 붙들고 울어댄다.

'기쁨 마음으로 학교를 떠나겠노라'고 마음 속으로 다짐했는데, 이놈이 기어이 나를 울리고 있다.

퇴임 후 10여년이 지나니깐 이름을 잊었는데 오늘 이놈의 편지를 대하니 감회가 새롭다.

선생님께

안녕하세요?

저 선생님의 제자 이제현입니다.

선생님 저는 선생님이 퇴임을 하신다고 하니 갑자기 눈물이 났어요.

선생님이 6-1반하신다고 하시면서 같은 반이 되자고 약속까지 하셨는데 선생님이 퇴임하신다니 저도 모르게 눈물이 났어요.

교실에 들어가서 저는 두 시간이나 울었습니다.

교실로 들어가면서 선생님 모습 한 번이라도 더 보려고 뒤돌아보고 뒤돌아보고 계속 했답니다.

그런데 어느 날 선생님 모습을 운동장에서 다시 뵙게 되어서 얼마나 기뻤는지 훨훨 날고만 싶었습니다.

"기간제교사로 교장 선생님의 간곡한 부탁을 받고 우리들의 체육을 담당하게 되었다."는 친구들의 이야기를 듣고 너무너무 기뻤습니다.

정말 우리들은 축복받은 아이들입니다.

선생님 고맙습니다. 또 다시 재미있는 체육시간을 갖게 되어서 감사합니다. 선생님 은혜에 감사드려요.

1999년 5월 14일

선생님을 존경하는 이제현 올림

지금은 내가 숙직을 한다

해가 진 초저녁에 회장인 성열이가 찾아와서 담임 선생님이 나보고 "숙직실에 좀 있으라."고 하더란다.

그 말을 믿고 덩그마니 큰 숙직실 방에 혼자 있게 되었다. 얼마나 되었는지 모른다. 바람 소리, 부스럭거리는 이상한 소리가 자꾸만 들리고, 점점 크게 들리고, 겁이 난다. 오싹해진다. 눈물이 난다.

운다.

우는 소리가 밖에 들린다.

지나치시던 교장선생님이 나를 집으로 돌려보내 주시던 숙직실. 내가 울던 숙직실에 오늘은 내가 진짜 숙직을 하고 있다.

감회가 새롭다.

모교에 교사로 부임한 것이, 훌륭한 모교의 선배 교사로서 충실히 근무하리라.

도시락 나른 교수

많은 제자들 중에 윤××가 전남 OO대학에서 교수를 한다는 소식을 며칠 전에 접하고 아내와 함께 기뻐하면서 그의 앞날에 승승장구하길 빌어본다.

고향에 와서 처음 만난 친구들이 제자도 되며 후배도 될 이네들이라 남다른 감정으로 교직 생활을 충실히 해 보려고 노력을 하였다.

60년대 후반의 나라 살림살이에 요즈음처럼 학교 급식이라는 말은 상상조차 못하던 시절이었고, 나남 할 것 없이 모두가 도시락을 들고 다니며 동료들과 둘러앉아 정담을 나누며 살던 훈훈한 정이 넘치던 시절이었다.

나의 집은 학교에서 지척의 거리에 있었기에 어머니가 매일이다시피 점심시간이면 창문을 똑똑 두드리신다.

옥식기에는 더운 밥, 반찬통에는 반찬을 갖추갖추 담아 들고 창문 넘어 서 계신다. 아이들은 이미 알고 있다. 어머니가 도시락을 가지고 오신 것을. 오늘은 어떤 반찬일까? 상상하는 표정들이며 시키지 않아도 누군가가 도시락을 받아 들고 들어오는 아이가 있다.

어떤 날은 아이들을 보내서 가져오게 한다. 비록 어머님이 좋아서 하시는 일이지만 내 마음이 편하지 않아서이다. 그 단골이 윤광희였다. 많은 아이들이 심부름을 서로 하려고 하고, 한 자리에서 식사하기를 간절히 바란다.

매일 점심분단 만들어서 한 분단씩 돌아가면서 나와 함께 먹는 것이 아이들은 너무나 기다려지는가 보다. 함께 점심을 먹으면서 내 반찬 먹어 보라고 반찬통에 담아 주고, 숟가락에 얹어주고, 나는 그들의 반찬을 먹기도 하며 서로간에 정을 쌓고 의사소통도 하며 살았다.

자연스럽게 가정생활, 학교생활, 교외생활, 교우관계 등의 이야기들을 듣게 되니까 그들을 이해하는데 좋은 정보가 솔솔 쌓였다. 이런 학교생활이 아이들에게는 참 좋은 추억거리가 된 모양이었다.

대구의 산격동에 살 때 한 친구가 찾아왔다.

"경대에서 조교 노릇하며 박사과정을 거치고 있다."고 하고, 어린 시절 도시락 심부름꾼 이야기를 하면서 한바탕 웃었다.

미안도 하였다.

"선생님, 지금 생각해 보면 그것이 바로 우리들의 인성을 키워준 것이 아니겠습니까?"라고 한다. 그렇게 결론을 지어주니 고맙고 새삼 미안하다.

교수를 심부름시켜서. 그러나 그의 앞날에 무궁한 발전이 있기를 선생님이 또 다그치고 싶다.

이 맛이 선생 맛인가?

중학교 동기생들과 모임차 감포읍 전촌에 있는 '소나무횟집'에 갔다.

음식을 먹으면서 재미있는 이야기로 술잔이 오가는데, 주인집 젊은 아주머니가 주위를 맴돌면서 의아한 눈초리로 자꾸 나를 보고 고개를 기웃거렸다.

'내가 뭐 이상하나? 옷에 뭐라도……, 내가 마음에 더나? 왜 나를…….' 고개를 갸웃거리는 순간 아주머니가 나에게 묻는다.

"선생님 혹시 이윤식 선생님 아니십니까?"

"예, 그렇습니다. 왜 그러시죠?"

"의곡초등학교 6학년 때 옆반의 최은희"라고 자기소개를 한다.

"선생님이 복도를 지나시면서 청소하는 내 머리를 쓰다듬어시면서 그 놈 나중에 잘 살겠다."라고 했단다.

그 말씀 아직 잊지 않고 있단다. 감탄이다. 이 맛이 선생맛인가? 나는 모르는 이야기가 아닌가. 순간 아찔하였다. 다른 아이들에게는 어떤 말들을 했을까? 되돌아 보아진다.

그 뒤 종업식날, 2월 인사기 때 버스 대절해서 대구에서 몇 차례 갔다. 몇 차례 가서 팔아 주는 것이 도움이 될까마는 그렇게 하고 싶어서 갔다.

그 뒤로 가 보니 이사 가고 없었다. 수소문 끝에 감포 대본리에서 경주집이란 간판을 걸고 횟집을 운영한다는 사실을 알았다. 계모임에서 회 먹으러 간다면 이 집을 정하도록 압력을 가하곤 했으며 여러 팀들에게도 소개를 해 주었다.

정말로 잘 살아야 할 텐데…….

마음을 털어 놓고 싶었다

건천초등학교 47회 제자들이 경주교육문화회관에서 동기생들의 모임을 갖는다고 나에게 초청장을 보내왔다.

이윤식, 류용태, 조관재, 김화도 선생님들이 담임한 제자들이다.

나는 무엇으로 이들의 모임을 더욱 빛나게 해 줄까? 고민을 하다가 졸업 때 만든 문집과 사진을 들고 가서 오늘날까지 미안함을 품고 있는 선생으로써의 속마음을 털어놓고 싶었다.

모교를 사랑하는 마음도 일깨워 주고 싶어서 교가를 적은 유인물도 함께 준비해서 갔다.

선생님이며 선배인 나로서는 그들에게 더더욱 사랑이 간다.

몇몇 친구들은 고향에서 가끔 본 적이 있어서 낯설지가 않은데

대개가 낯설다. 저이들 가운데 박사도 있고, 교수도 있고, 엔지니어도 있고, 선생도 있고, 농사일도 하고, 자영업도 하며 중견 사회인으로서 열심히 활동을 하고 있다니 매우 반가웠다.

그들의 행사 순서에 따라서 옛 스승의 한 말씀 차례에 등단하여 짜라빠진 졸업 문집을 들고 "이 책 아직도 보관하고 있는 사람 손들어 보라."고 했더니 한 사람도 없다. 모두들 놀라 와 한다.

'아직 저 책을 보관하고 계시다니?', 또 사진을 들고 "졸업 때 찍은 이 사진 보관하고 있는 사람 손들어 보라."고 했더니 몇 사람이 안 된다.

교가를 적은 유인물을 나누어 주고 어린 시절처럼 음악 선생님이었던 조관재 선생님의 지휘로 잠깐의 음악시간도 가지게 되었다.

노래가 끝나자 "우리들은 왜 졸업 앨범이 없습니까?"라고 질문이 나왔다.

사진과 문집을 들고 온 나에게 정곡을 찌른 질문이었다.

"예, 오늘 내가 이 사진과 문집을 들고 온 이유가 여러분들에게 지금까지 그 경위를 설명할 기회를 갖지 못해서 가슴앓이를 해 오다 오늘 이 기회에 미안한 마음을 전하려고 가지고 왔습니다. 사실인즉 2학기에 대구에서 새로 부임해 오신 강신태 교장 선생님의 강력한 의지에 의해서 제작을 못 하게 되었습니다. 대구 사회에서의 학교 실태(앨범 제작의 부조리)를 시골인 이곳에서까지 적용하려는 잘못된 인식에서 반대를 한 것 같습니다.

우리 학교는 앨범 제작 학부형 위원회가 있어서 제작에 관한 모든 절차를 이들이 하고, 지역의 형제사진관에서 맡아 하기 때문에 교장 선생님이 생각한 그런 현상은 있을 수 없는 데도 굳이 반대를 하시니 어쩔 도리가 없었다는 것으로 변명 아닌 변명을 하고 싶습니다. 사택에도 찾아 가서 건의도 해 보고, 몇 학부형을 동원해서 건의도 했습니다만 강 고집을 꺾지 못하고 이런 사진을 찍게 되었고, 이런 문집을 급조해서 발간하게 되었던 것입니다. 너무너무 미안함을 다섯 선생님들을 대신해서 말씀드립니다." 하고 이해가 있길 기대하면서 기념품을 받았는데 더욱 미안하였다. 기념품은 행운의 열쇠라고 하였다.

사실인즉 누가 누구인 줄 몰라서 사진을 펼쳐보니 얼굴이 너무 작아서 알 수가 없고, 밑에 적혀 있는 이름을 보고서야 겨우 짐작을 하게 된다. 이들이 우리들을 원망도 많이 했으리라 짐작이 간다.

앨범을 제작 못한 결과를 거울삼아 사회생활에서 일을 처리할 때 훗날에 닥쳐 올 상황을 예상하고 신중한 판단을 해야 함을 교훈으로 삼는 현명한 제자들이 되길 바라는 마음 간절하다.

4

인생은 빈 손

못다함은 지금 채워라

추석날이라 칠곡의 강서방이 왔다. 명절이나 집안에 무슨 날이면 꼭 인사하러 온다. 오십줄이 넘어 머리가 희끗희끗한 모습으로 외삼촌이라고 찾아옴이 얼마나 고마운지 모른다.

마침 그 때 미송이도 와 있었다. 은서방은 골프 연습하러 가고 없었다. 오래 만에 만난 내외종 형부와 처제, 조카들과 이야기꽃이 만발하였다.

처가 이야기, 제사 이야기, 서정이와 서현이는 키 큰 멋진 아가씨, 작은 것은 중학교 때는 열심히 하지 않고 놀았는데 고교 시절에는 정신 차려 대학 진학을 무사히 했다느니, 서정이는 고등학교 선생이고, 서현이는 여자 경찰이 꿈이라 열심히 공무원 시험에 대비하고 있고, 무술도 연마하고 있단다.

여기에 미송이도 "나도 학창시절에는 너무너무 하고 싶은 것도 많았고, 꿈도 많았는데 하나도 못해 봤다. 아버지의 간섭이 너무 많았고……."

나는 아무 생각 없이 큰 딸애가 형부하고 나누는 대화를 듣다가 가슴이 뜨끔 하였다. 딸에게 미안하였다.

혼자 월급에 대학 하나, 고등 둘, 중학 하나, 초등 하나, 어머님 모시고. 항상 내 주머니는 딸랑거리는 소리만 나던 때였다. 주머니가 텅텅 비어 길거리에서 아는 사람을 만나면 대포 한 잔, 차 한 잔 값이 없어 전전긍긍하던 시절의 내 모습이 떠올랐다. 초라하였고, 후회스러웠다. 빚을 내서라도 해 줄 것을.

박봉의 월급쟁이임을 알고 있었던지 불평 없이 잘 자라 주었던 아이들이 대견스럽고 고맙다. 우리 집안 형편에 하고 싶은대로 못해주어 미안하다. 그러나 이젠 잘 지내고 있잖니. 너희 자식들에게 내가 못한 한을 지금 풀어보라고 말해주고 싶다.

자식은 손님이다

이른 아침, 아내가 잠을 자고 있는 나를 깨운다.

"애들이 와 있는 데 찬꺼리가 뭐 있어야지요. 어제 저녁에 술도 많이 한 것 같던 데 속풀이도 해줘야 하지 않겠느냐."고 한다.

아내의 이 말에 부모된 사람들이라면 누워있을 사람이 어디 있겠나? 불이 나게 옷을 갈아 입고 시장 갈 채비를 하였다.

"자식이 잘 먹는 것을 보면 배가 부르고, 잘 입혀 놓고 보면 보기가 좋아 마음이 기쁘다."고 하시던 선고(先考)의 말씀이 생각난다.

"갑시다."라고 힘차게 말하는 아내의 걸음걸이에는 즐거움이 묻어나는 것 같다. 모처럼 살림 난 아들, 딸들이 집에 와서 자는 것도 반갑고 기뻐서 아내는 흥이 났는가보다.

부엌에서 도마질하는 소리가 요란하고, 맛있는 냄새가 코를 자극하고 있다. '집난 자식들이 집에 온 것이 저렇게도 좋을까?' 나도 덩달아 기분이 좋아지고 있다.

자식들 모두 출가시켜놓고 노부부만이 지내다 보면 가끔은 아이들이 보고 싶을 때가 있다. 특히 재롱부리는 손자 손녀딸들이 더 보고 싶다. 모처럼 아이들이 오면 반가워서 부둥켜안고 뽀뽀도 해 주지만, 하루 저녁 지나고 한바탕 분탕이 일어나고 온 집안이 쑥대밭이 되면 "올 때는 반갑고, 갈 때는 더 반갑다."는 옛 어른들의 말씀이 실감이 난다.

아들 사위들은 누워 자고 딸들은 친정왔다고 두 손 놓고 있으며 며느리들은 부엌에서 시어머니 곁에서 서성인다. 아마도 지네들이 사는 부엌이 아니고 부모님 부엌이라서 낯선 것이리라. 그래서 손님처럼 되고, 손님처럼 대접을 받게 되는가 보다.

모두 보내놓고 혼자서 뒷정리하는 아내를 보면 안쓰럽기도 하지만 그래도 좋으니 자주 왔으면 좋겠다.

차라리 내가

미송이가 수술을 한다고 구미 차병원에 입원을 했다. 여자들이 많이 앓는 여성병이라고 한다. 다행이다. 큰 병이 아니니까.

은서방의 출퇴근이며 아이들 등하교가 걱정이란다. 엄마, 아버지가 좀 와 있어야 한단다. 가 있고 말고지. 딸이 아픈데…….

준비를 해서 수술하는 날 일찍 오겠노라고 약속을 하고 대구에 왔는데 다음 날 일찍이 오지를 못했다. 미송이가 수술실에 들어가는 모습을 보지를 못했다. 미련한 곰텡이 새벽같이 오지.

은서방이 있어 외롭지는 않았겠지만 얼마나 불안했겠나 안타깝고 불안하다. 차라리 내가 대신할 수만 있다면 오히려 내 마음 편할 텐데 말이다.

나는 늦게 온 것이 후회스럽다. 오직 두 손 모아 빌 따름이다. 수술실 문이 열리고. 병상에 실려 나온다. 두 눈 감고 있는 미송이의 초췌한 모습을 보니 울컥해진다.

애비의 아픔이 밀려오고 안도의 한숨이 밀려 나온다. 얼마나 아프면 속내를 안 보이려고 입술 깨문 그 모습, 눈가를 촉촉이 적시며 아야, 아야 신음하는 그 소리에 가슴 찢겨지고 마음이 아팠다. 차라리 내가…….

은서방이 병실 지켜 믿음직하고 대견하다. 함께 밤낮을 가리지 않고 아픔을 나누는 그 모습 참 아름다웠다.

할애비도 운다

막내에게는 남자 아이가 둘이다. 지금껏 지애비의 월급으로만 살았는데, 둘 아이가 생기고 한 놈이 학교에 가게 되니까 부족함을 느꼈는지 며느리도 직업 전선에 나가게 된 모양이다.

애비가 있건, 며느리가 있건 둘 중에 하나가 집에 있으면 아이들 관리에 문제가 없는데 둘 다 출근을 하게 되면 네살짜리가 문제였다.

그래서 친정어머니께 부탁을 해서 좀 봐달라고 한 모양이었다.

유치원 원감인 이모의 보살핌도 받을 겸 친정으로 보낼 작정을 한 것 같았다.

어떻게 살고 있는지 보려고 둘 형제가 살고 있는 진주, 삼천포로 왔다가 대구로 오는 날 "승재를 대구의 친정으로 데려 가 달라."고 하기에 데려오는 그 날 기어이 이놈이 할애비를 울리고 있었다.

아파트 밑에서 기다리고 있는데 아무리 있어도 안 내려오기에 의아하게 생각하고 있는데 울상을 한 아이를 애비가 데리고 내려왔다.

어미는 왜? "이놈이 안 떨어지려고 발버둥치니까 어미가 운다."고 한다. 차에 타지 않으려고 몸부림치는 녀석을 겨우 태우고 떠나려는데 또 이놈이 목 놓아 운다. 부모 품을 떠나려고 하지 않는 어린 녀석의 절박함과 떠나보내는 지애비 어미의 안타까움이 목전에서 전개된다. 왜 울까? 헤어짐의 안타까움일까? 없음의 설움일까? 할애비된 나도 가슴이 북받친다.

대구로 가는 내내 운다. 눈을 지그시 감고 설움을 참으면서 울먹인다. 할머니가 가슴에 안고 어루만지며 애타한다. 어느새 잠이 들었다. 안도의 한숨이 나온다. 자식 버리고 가는 사람들은 정말 독종들이다. 한편으로는 오죽 하면 버릴까도 생각하게 한다.

대구에 도착해서 외할머니께 보내려는데 또 통곡이다. 내리지 않으려고 차문을 붙잡고 몸부림치는 손자놈을 어떻게 하면 좋은가. 기가 찬다. 가슴이 찢어진다. 한참을 실랑이를 하다가 외할머니 등에 업혀서 집으로 들어갔다.

전화통을 타고 "잘 놀고 있으니 걱정하지 말라."는 전갈이 왔다. 다행이고 안심이다. 먼 훗날 이 글을 승재가 보면 안 울었다고 하겠지.

또 신생아 시절 당진의 병원에서 안 된다고 큰 병원으로 가라고 해서 병원차를 타고 경북대학 병원으로 후송되어 온 승재이다. 아무것도 아닌 병인데…….

야, 이 놈. 할애비 할머니를 울리고 놀라게 한 놈.

아내의 생일

9월 15일(음 8월 7일) 일요일은 아내의 생일이다.

집안의 자손들이 모두 모여서 벌초하는 날과 겹쳐져서 어떻게 하나? 걱정이고, 아내에게 미안하다. 하필이면 그 날에…….

누구의 아이디어인지 모르지만 아이들의 주선으로 토요일 저녁 시간에 하기로 하였다.

각자 집에서 성의껏 음식을 장만해 와서 자리를 마련하기로 하였단다. 미송이는 갈비찜, 영주는 회 사고, 경순이는 대구 와서 별미로 전 붙이고, 영락이는 삼천포에서 고기전을 해 왔다.

우리는 밥하고, 추어탕 끓이고 일상의 반찬으로 상 차리니까 한 상 그득하였다. 성의껏 집에서 음식을 준비해서 상을 차리고 축가 부르며 얘기하며 지내는 것도 한결 의의가 있는 것 같다.

푸짐한 음식이 무슨 소용이 있으랴? 외손, 친손 9명에 사위, 며느리, 아들, 딸 모두 함께 한 자리가 그렇게 좋을 수가 없는데…….

아이들이 어머니 용돈하라고 봉투 하나씩을 내미는데 아내는 마냥 즐거운 것 같았다. 행복해 하는 아내의 모습을 보니 나도 덩달아 행복해진다. 자식 키운 보람이 바로 오늘의 이런 자리가 아닐까?

억만금을 주지 않아도 진수성찬에 휘황찬란한 자리가 아니라도 자식들 속 안 썩이고 무탈하고, 부부간 사랑하고, 형제간 우애 있게 지냄이 부모의 바람이 아닐까?

"내년에도 이렇게 하자 이것도 괜찮네." 말을 남기고 은서방네가 먼저 구미로 가고, 모두는 깊은 잠에 들었다.

환한 얼굴, 행복한 얼굴들이다.

서비스 진료

해마다 아내와 내가 번갈아 가면서 건강검진을 받는다.

의료보험공단에서 건강검진표를 짝수년에는 아내 것, 홀수년에는 내 것을 보내준다. 2004년도에는 아내가 무료 검진을 받는 해였고, 나는 자부담으로 검진을 받는 해였다. 아내와 내가 검진 신청서를 냈는데 한국건강관리협회 대구지사에서 나에게 P.S.A 검사를 무료로 해 주겠다고 하였다.

여러 해 아내와 함께 검진을 받는 단골손님이기에 서비스로 해준다는 것이다. P.S.A가 무엇인지도 모르고 검진을 받고, 다음날 결과를 알려고 병원을 방문해서 주치의를 면담하였다.

"혈압이 좀 높고, 당이 좀 있으니 조치하라."는 소리는 해마다 듣는 소리라서 그냥 넘겼는데, 엉뚱하게도 P.S.A 수치가 높다고 한다. 전립선암 수치란다. '암!' 귀가 번쩍 뜨인다. 전립선 암수치가 4.0이 정상인데 나는 8.6이며 매우 높은 수치라고 한다. 큰 병원에 가서 정밀 검사를 받아 보란다. 청천벽력이다. 나에게 왜? 왜? 왜? 아내도…….

1차로 영남대학 병원에 가서 진료를 받았는데 역시 마찬가지로 암이라는 결과를 받았다. 믿기지가 않아서 곽병원에 가서 또 검진을 받았다. 같은 진단 결과를 듣고, 큰 병원에 가서 MRI와 초음파검사 등 정밀검사를 받아 보라는 권유도 듣고 실의에 빠진 내 모습을 보고 아내는 자식들에게 이 사실을 알리고 있다.

2004년 8월에 발견을 하고 9월 3일 3시에 영남대학병원에 3일간 입원을 해서 혈액검사, 초음파검사, 핵반응검사, MRI 검사를 한 결과 암이라는 최종의 판단을 받았다. 불안한 나를 안심시키며 가족들의 걱정을 들어주기 위해서 의사 선생님들이 설명을 하였다.

전립선암은 암중에도 가장 얌전한 암이라서 현 상태대로 있어도 10년은 살 수 있는 암이라서 성급하게 걱정을 안 해도 된다고 한다. 아직 외부로 전이가 되지 않고 전립선 내에 있어서 수술만 하면 90%는 완치된다는 의사의 설명을 듣고 안심을 하였다.

가족회의가 열렸다. 어느 병원에서 수술 받느냐를 결정하는 회의였다. 서울의 큰 병원으로 결정이 되었는데 어느 병원으로는 결정이 되질 않았다. 서울의 이름 있는 큰 병원에 진료를 받으려면 오래 기다려야 한다는 소문이 있기에 걱정이었다.

종전에 산중식당 김사장에게 서울의 삼성병원에서 대장암 수술을 받았다는 이야기를 들은 것이 생각나서 전화를 넣었더니 병원 전화번호를 가르쳐주면서 예약 신청을 해 보라는 것이다. 예약 3일후인 9월 15일 병원으로 오라는 날짜가 정해졌다.

이제는 살길이 눈앞에 보이는 듯하였다. 안도의 긴 한숨이 쉬어진다.

8월에 암 발견하고부터 12월에 수술받는 날까지 약 4개월 동안은 좌불안석이었다. 2004년 12월 1일은 내가 다시 태어난 날이었다. 수술 9시간 만에 병실로 돌아왔으니 가족들은 얼마나 마음 졸였겠나?

모두께 감사를 드리는 날이다. 특히 한국건강관리협회 대구지사 여러분에게 더더욱 감사를 드리고 싶다.

전립선암이 무엇인지도 모를 뿐 아니라 아무런 증상도 없는 건강한 나였기에 그냥 지나쳤더라면 병세가 악화되어 지금쯤은 유명을 달리했을지도 모를 일이었다.

세 번의 천당길

고등학교 시절

나는 지금까지 살면서 세 번의 천당길로 나들이 갔다 왔다.

첫번째는 중학교를 졸업하고 고등학교에 갓 입학한 때였다. 선배들이 교실을 순회하면서 럭비 선수를 선발했다. 달리기를 잘하는 것이 나의 특기인지라 3학년 김용하 선배와 달렸는데 내가 이겼다. 당연히 선발이 되었다.

김선배에게 내가 이겼다는 것이 전교를 놀라게 했다. 김선배가 이 학교에서 제일 잘 달리는 학생으로 알려졌기에 놀라움은 당연하였다. 특히나 1학년짜리가 3학년을 제쳤다는 사실이 체육 선생님을 비롯한 모든 선생님, 학생들에게 알려졌다.

나는 육상 선수로서의 열심히 활동하였다. 각종 대회를 휩쓸고, 110미터 허들에서는 경남 기록 보유자도 되었고, 부산사범대학 체육과에 입학의 특전도 누리게 되었다.

전국체전 경남 육상 대표선수로 출전 자격을 가지게 되었으나 럭비 예선전에 출전을 하여 경기를 하다가 태클을 받고 발목뼈가 부러지는 액운을 만나 육상대표선수로 출전이 좌절되었다. 또 연습 경기로 전국 최강을 자랑하는 배제고등학교 선수들과의 경기 도중 태클을 하다가 달리는 선수에게 정면 충돌을 하여 정신을 잃었다.

왜소한 체구의 1학년짜리가 덩치 큰 3학년 선수에게 정면 태클을 한다는 것은 무모한 일이었으나 이기려면 어쩔 수 없는 것이 승부의 세계가 아닌가. 럭비 선수는 대개가 황소 같이 힘이 세고 덩치가 큰 학생들로 구성이 되는 것이다. 거기에 왜소한 나를 걸음이 빠르다고 출전시켰으니 졸도할 수밖에. 눈을 떠 보니 양호실이 아닌가?

내가 왜 여기? 아직도 정신이 어리둥절하다.

암 선고를 받고

예약된 9월 15일에 삼성의료원에 가서 진료를 받고, 다음 진료 때에는 영남대학병원에서 받은 진료 자료를 가지고 오라는 설명을 듣고, 11월 29일 입원해서 수술하기로 결정을 하고 대구로 왔다.

"이 암은 전이하는 속도가 매우 느리니까 가족들과 의논해서 손으로 직접하는 수술, 레이저로 하는 수술, 최신 초음파수술 방법이 있는데 이들 방법 중에 희망에 따라 수술을 한다."고 하였다. 내가 의사선생님에게 "권하고 싶은 방법이 뭐냐?"고 물으니

손으로 하는 방법을 권하고 싶단다.

의사의 눈으로 직접 보고 손으로 하면 상태 파악이 되어 더 세밀히 할 수가 있는데, 기계방법은 그것이 안되지만 회복은 빨리 된다."는 설명을 듣고 주치의의 의견에 좇아 배를 가르게 되었다.

드디어 12월 1일 아침 7시에 병상(Sick Bed)에 몸을 싣고 후송원의 안내로 대수술실로 들어갔다. 그 곳에는 운동장 같이 넓었고, 수술 받으려는 환자가 어찌나 많은지 놀랬다.

마음은 착잡하였다. TV에서 본 조명등이 천정에 많이 붙어있고 마스크하고 녹색가운을 입은 의사들이 눈에 들어오고,

"이윤식 씨죠?"

"예"

의사들의 확인 질문이 귀에 들리고 몽롱해지는 순간 어떻게 된지 나는 모른다. 눈을 떠 보니 입원실이었고, 시계바늘이 오후 4시를 가르치고 있었다.

오전 7시에 병상에 실려 무려 9시간만에 돌아 온 것이었다. 그동안 나의 몸은 의사들에게 맡겨졌고, 간호사들의 보살핌과 가족들의 애탐에 전광판이 뚫어졌고, 긴 한숨만 가득하였으리라.

인간의 목숨은 지천명(之天命)이라는 믿음 아래 맡기고, 천당길 갔다가 내 소중한 가족들이 눈에 들어오는 순간 안도감이 온몸에 저려오면서 뒷일이 또 걱정이 되어진다. 후유증이 없어야 할 텐데…….

2004년 12월 1일은 내가 새로 태어나던 날 하늘은 쨍쨍하였고, 온통 파란 빛으로 덮어있었다. 잘 되리라는 믿음이 나를 붙들고 있었고, 남에게 몹쓸짓하지 않고 지금까지 살아온 나를 하나

님은 버리지 않을 것으로 믿기에 오늘도 나는 웃으며 살아가고 있고, 약 한 번 먹지 않고, 주사 한 대 맞지 않고 3개월마다 확인 진료를 받고 있다.

아직은 "OK! 괜찮을 것 같다."는 주치의 이현무 교수의 말씀에 용기를 갖고, 배꼽 밑에 흔적을 달고 숨쉬고 있다.

위내시경 검사

가족들을 비롯하여 누구에게도 알리지 않고 대구 곽병원에서 위장내시경을 해 보기로 하고 병원에 갔었는데, 두려움이 앞선다.

자연 내시를 하면 많이 아프고 고통스럽다는 경험자들의 말을 듣고 나는 무통(無痛)으로 하기로 했는데, 이 방법 또한 위험 부담을 가지고 있다는 말들을 많이 들었던 처지라 두려움이 앞 설 수밖에. 무통 처리 과정에서 불행이 올 수도 있다는 무서운 이야기들이니 망설여질 수밖에. 그러나 그 불행이 나에게도 닥칠까? 요행을 바라고 해보자.

흰 액체의 물을 먹고 침대에 누워있었는데 언제, 얼마나 되었는지 모르지만 눈을 떠 보니 침대에 누워서 한잠을 자고 일어난 기분이었다. 아무 이상이 없단다. 기쁜 소식이다.

가족들에게 검사받은 사실을 이야기하니까 한편 좋아하면서도 한편으로는 원망의 화살이 날아왔다. "이 집에 있는 이 사람들은 뭐냐?"고 생각해 보면 그 말도 맞지만, 가족들에게 잠시라도 걱정을 끼치지 않으려는 내 마음 씀씀이도 맞지 않을까?

형님 미안합니다

동생은 서른아홉살에 심근경색으로 일찍 세상을 떠났다. 심장과 동맥 사이의 연결 부위가 농해서 두 차례나 수술을 해도 농한 부분이 약해서 봉합이 안 되었다.

모든 것을 다 받쳐도 살려만 달라는 간곡한 부탁이었지만 현재의 의술로는 도리가 없단다. 심장판막이 탈났으면 인공심장으로 가능하지만 어쩔 수 없다니, 그 날만 기다리는 수밖에……. 30여 년 전에는.

나는 객지에서 공직에 몸담고, 동생은 학교 다니며 입시 공부에 시달리는 시기라서 형제의 정을 나눔이 없었고, 성인이 되어서는 서로의 삶에 쫓기어 한 자리하기가 매우 힘들었던 시기였으니 이것이 나의 마음을 슬프게 하고 동생을 잃은 애절함이었다.

술 한 잔 기울이며 애틋한 형제애를 나눔이 없었으니 너무너무 안타깝고 애통하다. 내가 너무 무정했다. 사랑은 아래 사랑이라고 했는데 이 웬수 같은 인간이…….

의병 제대해서 부산 복음병원에서 수술받으려고 수술실로 들어가던 그 때의 모습과 심장 수술을 받으면서 온 몸에 칭칭 감은 의료 장비가 지금도 눈에 선하다.

"형님 미안합니다. 걱정만 끼쳐드려서 죄송합니다. 나 죽으면 시원하고 사방이 탁 트인 높은 곳에 묻어 주세요."라고 부탁의 글을 남기고 동생은 그렇게 홀연히 떠났다. 처자식도 잘 보살펴 달라던 동생은 고향 산천 서라벌공원묘원에 누워 버렸다.

"평소 굵고 짧게 살다가 가겠다." 입버릇처럼 하던 동생의 말이 현실로 되어 버렸다. 검찰 공직자로서 그 당시는 제 나름대로 남부럽지 않은 생활을 했고, 친구들의 선망의 대상이 되기도 하였다.

오늘도 이 글을 쓰면서 동생에게 미안함과 아쉬움을 토로하고 있다. 아. 불쌍한 내 동생. 어 어 야 ? 어 어.

인생은 빈 손

슬하에 자식 하나 두지 않은 둘째 누님은 홀몸으로 올해 여든이시다. 일찍 남편을 잃고 홀로 부산으로 집 떠나 보시(報施)의 삶을 살고 계신다.

누님은 자갈치시장에서 좌판 펴 놓고 생선 장사하셨고, 손끝이 시리고 귀 끝이 아려도 시장판에서 고생을 하셨다. 대청동 소방로에서 이동식 주방리어카에 어묵을 싣고, 김밥 팔고, 중앙동시장에서 조그마한 공간 빌려 재봉틀 한 대 갖다놓고 여동생 불러다가 양재하게 하였고, 광복동 상업은행 앞 골목길에서 달라장사(외국돈 환전)도 하셨다.

누님은 비가 오나 눈이 오나 언제나 열심히 사셨다. 집도 사고, 동생 시집도 보내고, 고등학교, 대학 졸업을 마치게 하시고, 친정 논 사 주고, 친정집 지을 때 모자라는 건축비 일부 부담도 하시면서 즐겁게 사셨다.

신도 무심하시지 친정을 위하고 동생들의 앞날을 밝힘에 나를 버리고 헌신하시는 우리 누님에게 왜, 또 시련을 주시는지…….

평소에 자주 드나들면서 거래하고 지내던 고객이 자취를 감추어 버렸으니 앞날이 막막하게 되고 말았다.

제2의 고난의 길이 닥쳐왔다. 지하방 단칸방, 대청동 판자촌을 전전하면서 그래도 마음씨 좋은 고객들의 도움으로 세월을 보내며 여유가 생겼으나 한 많은 한 평생 외로움에 지쳐서 짝 맞추어 행복하게 지냈는데 그마저 신령이 빼앗아 가버렸다.

방안에 불 켜시고, 부처님 모시고 이 세상 모든 중생들의 고통을 덜게 하시고 그들의 앞날에 길함이 가득하시기를 목탁 소리에 띄워 보내신다.

오늘도 인생 여정이 구곡만장이다. 짝 잃은 한 여인의 삶의 여정이 너무나 고단하였다. 파란만장하였다. 거동이 불편하셔도 항상 부처의 자비로움으로 생의 마감을 준비하고 있으며 한 때는 가진 것도 있었지만 지금은 아무 것도 없다. 단칸 방 전세금뿐이다. 이것마저도 누군가 가져 가겠지.

누님은 '공수래공수거(空手來空手去)', '본래무일물(本來無一物)'의 부처의 가르침을 온몸으로 실천하며 사셨다.

인생은 빈 손으로 왔다가 빈손으로 가는 것, 날 때부터 가지고 온 건 아무 것도 없다. 내 소유가 없다. 나의 실체도 없는데 내 것이 있을 수 없다. 그저 내가 한 동안 맡아 있을 뿐이다.

승철 스님의 "산은 산이요, 물은 물일뿐이며 나는 나일뿐이다."라는 말씀이 가슴에 와 닿는다.

그저 고마울 따름이다

사랑하는 내 자식들아! 시집『반갑다, 고향 까마귀들아』출판 기념일에 많이 수고들 했다. 너희들의 활동 모습을 보고는 흐뭇했으며 이제는 너희들께 모든 것을 맡겨도 서로 도와가면서 잘해 내겠구나하는 마음이었다.

너희들은 "아버지가 차려 놓은 밥상에 우리 자식들만 낯 내는 잔치였다."고 한다만 그것은 아니란다. 너희들이 있었기에 이런 자리가 마련된 것이 아닌가. 너희들의 도움이 없으면 감히 아버지가 이런 자리를 마련할 수 있었을까? 그저 고마울 뿐이다. 오히려 아버지가 주책 바가지였지 않았는가 생각한다.

은사방의 인사말은 나에게 무한한 긍지를 갖게 하였고, 승윤이는 "우리 할아버지는 똑똑한 분이십니다. 할아버지의 특기는 서예나 글짓기를 하시는 것입니다. 그런 할아버지를 내가 무척 존경합니다. 그런 할아버지를 누가 싫어 할까요? 누구나 금방 좋아지게 됩니다. 오늘은 사랑하는 할아버지의 생신입니다. 나의 생각에 할아버지는 훌륭하신 분이라고 생각합니다. 할아버지 사랑합니다."라는 낭송은 분위기를 숙연하게 만들었고, 깔끔한 맛을 내었다.

'하림, 하정, 지윤'이가 읽은 시 「빗물」은 지금의 내 마음을 담은 시인데, 빗물이 바로 나이다. 지금 나는 너희들의 삶에 행복을 느끼고 있으며 행복의 배에 타고 순항을 하고 있단다. 너무너무 행복하고 고맙다.

만사형통 최정수의 축사에 "서로를 이해하고 용서하자."고 하는 말은 옳은 이야기인데 아직도…….

"우리들 동기생 중에 책을 낸 사람은 이윤식이와 계대에 출강하는 친구뿐이다. 책은 아무나 내나. 참 존경스럽다."고 부산의 한 여자 친구로부터 온 전화를 받고 보니 좀 으쓱해지기도 했단다.

너희들이 남겨 놓은 방명록의 글에 "멋쟁이 아버지", "할아버지 나중에 나도 커서 할아버지처럼 훌륭하게 될 게요." "저도 나중에 아버님처럼 인생을 멋지게 살고 싶습니다."라는 것을 보면서 과연 내가 너희들에게 "정말 멋졌냐?"라고 되묻고 싶을 뿐이다. 아니지 않을까? 늙은이의 주책이 아닐까?

아홉 손자, 손녀들의 생일 축하 노래와 많은 하객들의 박수 소리에 내가 그만 취해버렸고, 각 처에서 온 친구들과 일가친척들의 권주에 내가 녹아버렸다.

우리 아파트 노인정 할머니들이 참석하셔 너무도 고마운 일이고, 친구와 친지들의 도움에 감사하다는 말 뿐이 할 수 없다.

이것이 아니었는데……. 가까이 있는 친구들과 내 형제들, 그리고 대구에 있는 친지들을 오시게 해서 술 한 잔 나누려고 한 것이 오히려 걱정을 끼치게 되는 모양새가 되어버렸다. 정말 미안하였다. 특히 박진형 시인 가족들의 내방에 감사하게 생각을 하고 부끄러움도 있었다. 도사 앞에 요령 흔드는 자리를 마련했다. 자기는 "수많은 출판회에 가 봤지만 손자, 손녀들이 시를 낭송하는 것은 처음 봤다."고 격려를 해주니 부끄러웠다. 처음 갖는 자리이기에 미흡한 점 많았겠지? 준비도 좀 부족했겠고. 이 시인이 기어이 나를 울리고 말았다.

박시인은 시 「위대한 아내」를 나보고 읽으란다. 살아 온 세월들을 생각해 보면 이 글의 내용이 정말이거던. 이 눈물은 슬픔의 눈물이 아니고, 흐뭇함과 즐거움의 눈물이며 감사의 눈물이 아니었을까?

굿 한 판 벌린 뒷자리 정리하느라 수고하신 여러분들께도 감사한다. 참석하신 모든 분들께 감사할 따름이다.

우편으로 보내준 책을 읽어 보고 전화로 격려해 주고, 선물도 보내준 분들에게도 깊이 감사한다.

다음 기회에는 내 젊음을 바친 교직의 이야기와 내 일상의 이야기들을 세상에 내놓으려고 마음먹고 있다. 틈틈이 써둔 글들을 모으면 될 것 같다.

5

바람 같이 살라하네

주왕산을 다녀와서

월무회 친구들 부부가 함께 1박2일로 주왕산에 갔다. 온밤을, 살아 온 세월과 여생의 시나리오로 밤을 즐기고 돌아오는 길에 그 느낌을 정리해 본다.

볼세라 숨어서
몰래 내민 수달래 자태
어우러져 흩어지는
대자연의 협화음에
나도 몰래 따라 간다.
주왕산을 올라간다.

명경지수 맑은 물에
한 시름을 녹이면서
자르다가 깎다가

구르다가 멈추어졌고
굽이쳐 패어졌고
돌아쳐 깨어지고
흐르다가 다듬어진
한 폭의 조화로움에
감탄을 연발한다.

학소대를 지나고
시루교를 지나서
2폭과 3폭의
갈림길에 당도하여
어디 먼저 가려고
망설이다가
3폭으로 갔단다.

억겁의 세월이
이곳에도 흘렀구나.
다른 폭에 비해선
크기는 하지만
움푹 파인 삼좌와
밋밋한 자태 보고
나무 계단 철 손잡이 따라 돌아
발길 돌려 2폭에 접어드니
접어드는 길마저도
소로에 낭떠러지
자연의 신비로움이

이곳에 숨었는가?
느끼며 찾아보니
움푹 파인 소 안에
선녀의 머리카락
보일 듯 숨어서
얌전히도 감는다.

돌아오는 길목의
대원사 보전각에서
우리들의 앞날에
건강 지켜 즐거움 찾아
여생을 보내자고
두 손 모아 빌었고
참가 못한 친구의 안녕을
목탁소리에 실어서
빌어주었다.

얼음골을 지나면서

가끔은 마산, 창원, 진영, 밀양, 언양을 잇는 얼음골 계곡 따라 트인 길로 경주를 거쳐서 대구, 영천으로 갈 때가 있다.

동창원까지는 남해고속도로를 타고 가지만 그 외의 길은 모두 국도이다.

도로 통행세를 절약하려는 마음도 있고, 고속으로 달리지 않으면 유류도 절약이 되기에 자주 찾는 길이지만 무엇보다도 차 따라 달려오는 아름다운 풍광에 심취하여 이 길을 택한다.

확 트인 국도가 먼저 마음에 든다. 진영 지역과 동창원 지역은 아직 2차선 도로이지만 밀양시까지의 길은 고속도로 못지않게 정비가 잘 되어있고, 주변 풍경이 너무나 정겹다.

유유히 흐르는 낙동강을 가로질러 밀양시와 이어 놓았고 언저리 높은 곳에 영남루가 자리하여 아름다움을 한층 더 하고, 다리 건너 짧은 터널은 마치 인간이 어느 곳에서 가져다 놓은 양 자리하고 있어 몇 번이고 드나들고 싶다.

웅장한 밀양 시청 앞을 지나 또 하나의 낙동강을 가로지르는 다리를 건너면 청도, 대구로 가는 길과 언양, 울산으로 가는 갈림길 신호등을 만나게 된다. 여기서 직진으로 달리다 보면 대구, 부산간의 신고속도로와 통하는 확 트인 국도가 운전하는 이들에게 속도감을 맛보게 하는 충동을 느끼게 된다. 이동 카메라가 항상 지키고 있으니까 조심할 지역이다. 몇 차례 딱지를 받아 본 지역이라 제 속도로 가면서 자연의 아름다움과 새로 내는 도로 따라 계곡의 물 따라 자연의 조화를 만끽하면서 가라고 권하고 싶다.

여기저기 산비탈의 단풍 물결에 시골의 집들은 살짝 몸체만 드러내고 있고, 발갛게 물던 감나무의 감들은 탐스럽게 매달려 고향 생각나게 하고, 주렁주렁 사과는 이 고장의 명물인양 길 따라 내놓고 지나가는 이들의 발걸음을 멈추게 한다. 명성만큼이나 맛도 좋고 향도 좋으니 주차 한번시켜 보시라고 또한 권하고 싶다.

기나긴 얼음골 계곡을 뒤로 하고 가지산 길목에 다다르면 두 갈래 길이 나타나는데, 직진하면 이름하여 영남의 알프스를 넘게 된다. 오르고 내리는 길 구비마다의 넓은 공간에 주차를 하고 계곡을 내려다보면 감탄사가 절로 나온다.

'물감을 누가, 어떻게 하다가 저렇게 몽땅 부어 버렸나?' 자연의 조화로움에 한참을 빼앗기고 옷매무새를 고치면서 카메라에 담고 있다. 폼도 잡고 있다. 나도 모르게.

정상의 짤막한 터널을 지나 내리막길에 접어들면 휴게소가 나타나는데, 그 규모로 보면 아마도 이 산에는 등산객들이 많이 찾는가 보다.

여기서 산 아래로 한번 내려다보면 발 아래 펼쳐지는 풍광은 정말 조화롭고, 신비스러워 조물주의 고마움에 두 손을 모아 가슴에 얹어 보게 된다.

또 하나의 가지산 길목의 두 시 방향길에 접어들면 산 중턱과 산 아래를 연결해 주는 높고 긴 다리가 있다. 이 다리 밑에서 열한 시 방향으로 가면 여름에도 얼음이 언다는 얼음골이 있다. 신비스러운 감탄사가 온 골짝을 가득 메우고, 계속 직진 오르막길로 가 보면 새로 뚫은 긴 터널이 입을 크게 벌리고 오가는 차들을 모두 빨아들인다. 한참을 가도 끝이 보이지 않는 터널이라 처음에는 '야야! 굴 길다' 라는 생각을 나게 하는 터널이다.

우리나라에서 가장 긴 터널이란다. 정말 긴 터널이다. 이런 굴에서 신나게 달려 보고 싶지만 모르고 달리면 또 낭패 보는 수가 나타날 터니 조심해야 한다.

터널을 통과하여 언양 지역으로 나오면 4차선 도로를 시원스럽게 울산광역시까지 열어 놓았지만, 달리지 말고, 친환경 농사를 하는 모습도 보고 시설도 구경을 하면서 여유작작하게 노년을 보내자고 아내와 내심으로 다짐하면서 가지산을 올라가고 있고 내려가고 있다.

얼음골을 지나 삼천포로 가고 있다.

각산

각산은 삼천포 시내의 한 가운데에 자리하고 있는 산이다. 398.2미터의 높이 뿐이지만 삼천포 시민들의 건강을 책임지고 있는 산이라고 감히 말하고 싶다.

새벽이고, 아침이고, 낮이고, 저녁 때고 언제나 사람의 숨결이 숨 쉬고 있는 곳이다. 가쁜 숨소리가 등산길 따라 올라와서 약수 한 잔 마시며 숨소리 고를 때 상쾌한 기분은 어디에 비기랴?

이 산의 허리를 돌아 다른 길로 접어들면 또한 약수터가 있어 여기서 한숨 돌리고, 평탄한 길 따라 걸어 보면 산 중턱 허리가 이 봉 저 봉을 움켜쥐고 시원한 바람을 일으키고 있다.

상쾌한 바람에 땀 훔치고 왼쪽 비탈을 오르면 정상이 눈 앞에 전개되는데 우뚝 솟은 방송국 안테나 밑에 자리한 헬기장은 이리 구불 저리 구불 아스팔트 깔아 놓은 산길을 붙들고 있다. 아마도 귀한 손님을 모시고, 보내는 배려와 임도가 소나무숲 사이에 보일 듯 말 듯 동양화 한 폭을 전개해 놓았다.

산 정상에는 산불 초소가 있다. 국토를 지키는 사명감으로 근무하시는 이 분들과 인사도 나누고 안내를 받아 남쪽으로 약 200미터를 내리고 오르니 옛 조상들의 지혜가 눈 앞에 전개된다.

가로 세로 약 20미터 정도의 돌방석 위에 지름 1미터50센치정도의 돌로 쌓은 원통이 놓여 있다. 원통의 남쪽 방향에는 사람 몸이 드나들 수 있도록 구멍을 내놓았고, 네모진 돌방석 사방에는 바람이 통하도록 긴 바람통을 내어놓았다. 원통의 구멍으로는 불을 지필 연료를 넣고 아래의 구멍으로는 바람이 통하여 봉화가 잘 타 오르도록 해 둔 것 같다.

우리 조상들의 과학적 사고를 여기에서 또 볼 수 있어 자랑스럽다. 안에도 들어 가 보고 구멍 안을 요리조리 보기도 하면서 눈앞에 전개된 남해의 황홀경에 푹 빠져있다.

"북쪽의 시커먼 산은 거제도고, 남쪽 하늘 밑 저 산은 남해섬이고, 서쪽 먼 수평선 끝에는 통영이 자리하고 있다."는 사진작가의 설명에 고마움을 표하면서 눈을 발 밑으로 돌려보니 조물주가 펼쳐놓은 한 폭의 동양화가 그려져 있다.

웅장한 삼천포 화력은 그 위용을 자랑하듯 우뚝 솟은 굴뚝에서 하늘 높이 흰 연기 흩뜨리며 파란 바다 위에 그림자, 미끄러지듯 달리는 통통배 따라 흰 물결 출렁이며 물보라가 인다. 점점이 떠있는 섬과 섬들을 갖가지 모양 갖춘 다리가 엮어 놓았고, 갈매기 끼욱끼욱 물에 잠겼다 하늘 치솟는 그 모습은 한가롭기만 하다.

뭉게구름 두둥실 유유히 떠도는 그 그림을 누가 파란 도화지 위에 울긋불긋 물감으로 붓칠을 하였을까? 오! 남해의 아름다움에 감탄을 하면서 두 팔 크게 벌리고 남해의 싱그러움 한 모금 마셔 본다.

산은 말이 없다

삼천포로 이사 와서 산을 자주 찾는다. 지금까지 인근에 있는 미륵산, 적선산, 설흘산, 연하산, 망진산, 월아산, 각산, 용화사 뒷산 등 열 손가락 꼽을 정도 올라 보았다. 갈 때마다 산은 나에게 새로운 감회와 가르침을 주고 있다.

춘하추동 사계절 언제나 새로운 모습으로 단장을 하고 맞이할 뿐만 아니라 거절함도 차별함도 나무람도 없이 언제나 반갑게 맞아준다.

가파른 산길을 내어주면서 고통의 한 순간을 맛보게 하고, 평탄한 산길을 조금 주면서 편안함의 순간을 맛보게 한다. 암벽을 내주면서 산행의 진미를 맛보게 하고, 생사의 갈림길이 무엇인가를 일깨워도 준다.

숨가삐 헐떡이며 땀 훔치고, 지치고 기운 빠져 허기가 오면 사탕을 입에 넣고 물 한 모금 마시고, 숨을 헐떡이며 오르는 끈기를 가르쳐준다. 포기할까하고 수 차례 마음먹지만 참고 견뎌 산 정상에 오르면 탁 트인 시계가 한 눈에 들고, 불어오는 산바람이 고통의 순간을 슬그머니 날려버린다.

잘 왔다. 참 좋다. 산에 오르는 재미가 이 맛이다. 참고 견디고 열심히 오르면 행복한 순간을 베풀어주고 삶의 희로애락을 여기서 맛보게 한다.

산은 누구에게나 평등함을 가르쳐준다. 남녀노소, 잘난 이, 못난 이, 가진 자와 못 가진 자 등등 많은 사람이 오르지만 모든 사람을 감싸안아 맞이해 준다. 나는 새, 기어 다니는 동물, 연약한 식물도 모두 가슴에 끌어안고 보금자리 내주며 편안한 쉼터를 차별없이 내어주며 더 주고 덜 줌 없이 각자가 필요한 만큼 인심 좋게도 먹이감을 내어준다.

부산하게 뛰어도 목청 터져라 고함쳐도 자유스럽게 놔두고, 멋진 묘기들을 보여 주게 한다.

새소리, 물소리 자연의 화음에 마음껏 즐기며 쉬어 가게한다. 뭇사람에게 짓밟혀 알몸 드러내고 긴 팔을 뻗어 살아 보려고 서로가 땅을 붙들고, 천길 절벽에 매달려 삶을 구가하는 신세가 되지만 참고 견디며 살아가려는 생명력을 인간들에게 보여 주고, 척박한 환경에서도 생명을 포기하지 않는 집념과 생(生)은 내 것이 아니고 모두의 것임을 일깨워주고 있다.

내가 있음으로 해서 다른 것도 있음을 보여 주고, 깨닫게 하고 있으며 혼자는 살 수 없음을 보여주고, 공존함의 이치를 일깨워준다.

인간이 내뱉는 숱한 이야기들을 듣지만 산은 듣고도 못 들은 척, 알고도 모르는 척 인간이 스스로 무엇을 해야 하고 무엇을 하지 말아야 할지를 깨닫게 한다.

칭찬도 나무람도 원망도 시기도 질투도 욕심도 부림 없이 오직 제자리에 서서 제 할 일만 스스로 하고 있고 자리지킴하고 있는 산을 좀 닮아 보자.

나옹선사(懶翁禪師)의 시 「청산요혜아(靑山兮要我)」가 생각난다.

靑山兮要我以無語	청산은 나를 보고 말없이 살라하고
蒼空兮要我以無垢	창공은 나를 보고 티없이 살라하네
聊無愛而無憎兮	사랑도 벗어 놓고 미움도 벗어 놓고
如水如風而終我	물 같이 바람 같이 살다가 가라하네
靑山兮要我以無語	청산은 나를 보고 말없이 살라하고
蒼空兮要我以無垢	창공은 나를 보고 티없이 살라하네
聊無怒而無惜兮	성냄도 벗어 놓고 탐욕도 벗어 놓고
如水如風而終我	물 같이 바람 같이 살다가 가라하네

울릉도를 찾아서

*

우리를 옭아 맨 모든 일상의 끈들을 다 놓아 버리고 단 하루만이라도 나를 찾아 떠나기로 태락이 내외, 태찬 내외, 상범이 내외, 재석이 내외, 우리 내외, 선구 한 짝이 바다에 몸을 맡기고 카페리호에 몸을 실었다.

마음은 모두 18세 소녀 마냥 분홍빛으로 물들어 아무도 입을 열지 못하고 선창 밖만 무심히 바라들 보고만 있다. 선체의 흔들림에 짓눌려 세 시간 여 동안 괴로워하고들 있다.

*

우인자 씨 집에 여장을 풀고, 버스에 몸을 실어 길 따라 돌았다. 무능의 관광길에 여기 누가 울릉도에 태고의 광명운대를 갖다 두고 갔느냐 물어나 보자! 촛대바위, 삼선바위 누가 이 바다에 벽돌을 쌓았느냐? 물 속에 코를 박고 먹이 찾는 코끼리바위태고적 망치소리, 징소리 들리듯 아직도 조각을 하고 있구나.

암거북 등 위에 수놈이 타고 있고 새끼거북 벼랑에 떨어질 듯 매달려 곡예 펼쳐 보여주고 깎은 듯 솟아있는 바위틈에 아스라이 향나무 뿌리박고 생명력의 끈질김을 보여주고 있으며, 깎은 듯 떨어졌고 떨어진 듯 씻겨 버린 바위산 바위들 세월의 무상함 보여주듯 자태 뽐내 웅장하게 서 있구나. 기기묘묘하게 펼쳐 보이고 있구나. 사자상, 버섯상, 여인상 등등이 자연의 위대함에 도전하는 인간들. 깎고, 뚫고, 허물어서 도로 내고 길 닦고 버스 달려 택시 달려 편안 찾고, 풍요 얻어 삶의 행복도 누려야지만 신비의 작품들 훼손 말고 전시하여 자손대대 물려주길 고대하며 버스 내려태고적 숨소리 신비스런 자태를 가슴 가득 안고서 벗어나고 있구나.

*

유람선에 몸을 싣고 물보라에 떠밀려 갈매기 울음 따라 신비의 덩어리를 눈매김하고 있다. 뱃전에 앉아서 바다 위 전시관에 동양화, 서양화, 조각전이 펼쳐지고 그 속에 내가 빠져 들고 있구나. 자연이 펼쳐놓은 연초록 대지 위에 점점이 흩어놓은 빨주노초파남보 물 들린 집들로 서양화 전시되었고. 남이 볼 세라 아까워 둘러쳐진 운무에 고고히 우뚝 솟은 바위틈 사이사이 한 떨기 향나무, 한 그루의 소나무 그 누가 그렸는가? 동양화 한 폭을 아직도 신비의 조각 소리, 태고적 망치 소리 들리듯 출렁이고 조각전이 진행되네. 명경지수(明鏡止水), 말뜻이 풀이되고 보여주고 새파란 하늘이 울릉 물에 몽땅 흩어져 빠져 있고 백리길 무능에 출렁이고 있구나. 물보라 뿌리면서…….

*

땀방울 온몸 젖어 성인봉 올라 보니
태고적 입김이 스린 듯 사라지는
대자연의 조화로움에 감탄음이 저절로
동해로 여울져가는구나.
이순(耳順)의 숨결과 한 아름 우정을
성인봉 정상에 내려놓고 돌아왔다.
무능을 떠나왔다.
더더욱 두터워진 우정을 보듬고.

*

일기불순으로
가기 전에, 가는 날도 마음 조렸고
멀미도 하였다만
무능의 천지신왕 우리를 도우셨네.
일기도 화창하여 여행하기 좋을시고
회원님들 공덕이라 감사 마음 전하네.

비행기 안에서

AC 757 기내에서

가는 세월 잡아 두고/오는 세월 붙잡아 두는/지구의 반대편/만국기 펄럭이는/이국 땅 그곳에도/태극기가 펄럭이는/반가움이 있더라./웅장도 하더라/숲 같은 빌딩/많기도 많더라./푸른 잔디, 나무숲/뒹굴며 노니는/그들이 부러웠고/역사의 흔적을/고스란히 남기려는/그들의 노력이/더더욱 부럽더라./벗은 놈/뽀뽀하는 놈/흔드는 놈/미친 놈/갖가지 인종이/어우러져 한 바탕/용솟음치는 곳/장관이더라 나이아가라가/한국어 방송에 긍지를 느끼고/생사를 함께한 흔적의 6.25 참전관에서/축복 받은 나라 행복한 나라/도와 준 그들의/번영을 빌어주고/캐나다의 친구들은/내 민족 형제끼리/분쟁 나서 조각났다/소식 듣고 안타까워/풍문이길 기원하며/비행기에 몸을 싣는다.

'나는 언제 저 비행기 타고 하늘을 날아서 먼 나라로 가 볼가' 고 부러워했는데 나에게도 11박12일간의 미주 여행의 기회가 주어졌다. 공무원 해외 연수였다.

KE 515 기내에서

해 따라 갔다가 해 따라 왔다/두 낮이 한 낮 되어/동서가 만나는 그 곳을 지나왔다./구름 위에 두둥실/눈밭을 지나서/목화밭을 지났다./조물주의 신비로움을/감탄으로 토하면서/천섬의 온타리오호를/미끄러지듯 달려보니/세계의 부호들이 한 자리에 모여 앉아/그림 같은 집을 짓고 망중한을 즐긴다니/부럽다가 질투나서/한탄도 하여보며/허드슨의 연안에 높이 솟은 여인께/세계인의 자유를/만고불변 영원토록/지켜 달라 빌어본다./나이아가라의 웅장함에 감탄을 토하며/둘로 나눈 수문교에서/두 나라의 정서로움이/영원토록 빛나기를/두 손 모아 빌어주며/로키를 넘어 왔다/광활한 평야를/뒤로 한 채 넘어 왔다/인디언의 말발굽 소리/여운으로 남겨 둔 채/태평양을 가로질러/행복한 내 나라로/되돌아 왔노라.

UA 2207 기내에서

설레임 갖고 왔다/그리움 갖고 간다./임 계신 나라로/새벽에 떠나간다./아름다운 샌프란시스코가/질투나서 보기 싫어서/고금(古今)이 어우러져/아름다움을 이루고/행여나 남이 볼세라/안개 덮인 금문교/언덕 위에 조화로움을/펼쳐 놓은 인간들이/어쩌면 그렇게도/얄밉기만 하는가?/푸르른 대지 위에/벗어놓고 들어 누운/여인네의 망중한이/부럽기만 하여라.

동남아 여행길

퇴직하고 아내와 함께 동남아 여행길에서 적은 글들을 정리해 보았다.

땅 위에 나라가 하나 더 있다./조물주가 펼쳐 놓은/흰 나라 하늘 나라가/이룩할 때 퍼붓던 억수 같은 소낙비가/흰 나라 하늘 나라에선/햇살로 변했다/빛기둥 세웠다./편편한 대지에 백화가 만발하였고/큰 나무 작은 나무 멋대로 심어놓고/이 산 저 산 백白山에/구름다리 놓아서 건너고 있구나./하늘나라 선녀님들이/일행들 모두가 두 손을 모은다./하늘나라 선녀님들께/모두의 안녕을

넓게 펼쳐진 흰 막이/바람 따라 걷히니까/또 한 세계 펼쳐진다./구름 위에 구름 밑에/겹겹이 펼쳐진다./뭉게구름 조화로 이룩한 하얀 산

길게 뻗은 하얀 터널/넓게 퍼진 하얀 밭에선/남이 볼세라 부끄러워/살짝 내밀던 햇살이/우리의 비행을 반겨나 주듯/기기묘묘한 형상들을/찬란히 펼치고, 레이저 쇼를 연출하여/아름다움 우리들께/보여 주고 있구나./찬란한 자연의 조화로움이여!

점점이 박아 둔 대지의 섬들은/검게만 보이고/하늘의 세계는 모두가 희다./거대한 자연의 한 점 미물인 것이/오만과 저주로/분쟁과 약탈로/까불고 있다./정신 못 차리고 있다/여기/하늘나라 뭉게구름 속으로/인간들의 사악함을/떨쳐버려라! 날려 버려라! 묻어 버려라.

인도양의 물결에 몸을 싣고./바탐으로 간다./검푸른 물/점점이 떠있는 섬/센토사섬의 아름다움에 감탄을 하고/메스콤으로만 보아왔던/남국의 정취에 흠뻑 젖어 들면서/일만 칠천여 개의 섬/칠십여 종의 언어국/일부다처 개발도상국/오토바이 택시, 자전거 택시/처음 보는 교통수단에/일행들 의아해 하고/맨발로 생활하고/곡식이 모자라서/고구마 캐고 열매 따는 가난함을 보았다./불쌍하였다. 가엾었다./긍지를 가졌다. 한국인인 것에/조국을 보고 왔다./내 나라를 알고 왔다,/고마움을 느끼고 왔다./아름다운 내 나라로.

다방면에 재주가 많은 이윤식 선생님

유명덕

1

한 작가가 쓴 글 속에는 그의 삶이 숨 쉬고 있으며 그의 인품과 성격이 자리하고 있기 때문에 그의 생각이나 인생관을 파악함에 그가 걸어온 길을 응시해 보지 않을 수 없다.

인산과 나는 초등학교 동기 동창이며 나의 집은 박실이고, 인산은 건천 소재지였다.

그의 누님이 박실에 살았기 때문에 어릴 때는 서로 놀러 다니며 친하게 지냈으나 사회에 진출하면서 만남이 소원하였다.

풍족하지는 않았지만 보릿고개를 모르고 살았던 친구였으며 얼굴이 하얀 귀공자 같은 용모로 다른 친구들과 잘 지내는 똑똑하면서도 천진한 어린아이였다. 특히 그는 공부도 잘 하였지만 운동을 잘 하여 많은 이들에게 이름이 불리어지던 친구였다.

친구와의 인연은 중학교로 진학을 하면서 다르게 되었다. 인산은 무산중학교를 나와서 부산 동래고등학교, 부산사범대학을 졸업하고 교직에 몸을 담게 되었다.

고등학교의 진학은 학교장의 추천의 무시험 전형으로 진학을 하였고, 부산사범대학 체육과는 체육 특기생으로 진학을 하였다. 단거리 달리기를 잘하였으며 110m 허들은 한 때 경남 기록도 보유하였다.

학교를 졸업하고 군에 입대하기 전까지는 진주 대아중학교에서 체육교사로 교직에 몸담았으며 제대 후 초등학교에 발을 들어놓고, 정년퇴직까지 교육인으로, 체육인으로 살아 온 그가 2007년도에는 『반갑다, 고향 까마귀들아』라는 이름을 단 시집도 발간하고, 『건강생활』 책자도 엮어내더니, 또 고희기념문집 『비빔밥 선생의 사랑』을 낸다니 그저 놀라울 뿐이다.

같은 교직의 길을 걸어오면서 살았던 우리들이 이제 고희에 이르게 되고 인산의 글을 보니 만감이 교차한다.

남은 마지막 길이 운명의 배에 실려 떠내려가고 있으니 자신에게 주어진 팔자소관대로 살아 갈 수밖에 별 도리 있나?

흔히들 말하기를 세월은 물과 같기도 하고 부는 바람과 같다고 한다. 세월의 빠름과 시간의 무상함을 말하는 것 같기도 하다.

칠십 평생을 보내면서 모두가 세월의 무상함 속에 열심히들 살아 왔지만 아쉬운 것은 세월이고 빠른 것은 시간이다. 그 빠른 시간 속에서도 글을 쓰며 유유자적하게 세월을 잊고 사는 친구의 모습이 부럽기만 하다.

직접 만나는 기회는 잘 없지만 인터넷으로 가끔 만나는 기회는 있어서, 인터넷을 뒤지다가 좋은 말씀을 써달라고 부탁이 왔기에 사양을 하였다만 전화로 다시 부탁하기에 졸필로 대한다.

2

친구의 호는 인산(仁山)이다. 인자로운 산이라는 호처럼 늘 환한 웃음으로 주위 사람들을 넉넉하게 보듬는다. 글을 쓰는 인산의 한 면을 또 보게 된다.

글은 재주로만 쓰는 것이 아니다. 자기의 주변에서 일어나는 일과 사물에 대하여 애정과 고민을 여과시킬 줄 모르면 쓰여지지 않는다.

지혜로운 마음은 고요히 생각하는데서 생겨나고 착한 마음은 겸양을 통해 덕과 복이 된다고 하는 데 인산에게 이 말이 꼭 맞는 것이 아닐까? 늘 생각하는 친구들 중에 한 사람이라 생각된다.

작가의 주변에 널려 있는 소재를 작품의 제재로 이끌어 들어가기까지는 비상한 감수성도 필요하지만, 그에 대한 애정이 없이는 한 편의 글도 써내지 못한다.

오랜 교직 생활에서 풀려나와 틈틈이 써온 글을 엮은 고희기념문집 『비빔밥 속의 사랑』 이야기 속에는 아주 다양한 소재들로 수놓아져 있다.

이 글에는 형형색색의 고언(高言)이 아니라 꾸밈없이 진솔하게 인산의 삶을 있는 그대로 적나라하게 담아 놓았다.

참으로 다양한 소재가 의젓이 하나의 자리를 차지했다고나 할까? 하나의 진실을 물고 나온다고나 할, 그런 내적 분위기를 보여주고 있다.

3

1부 「천포 가는 길」에서는 추억이 담긴 고향집, 고향 마을을 그리워하였다. "탱자나무 울타리 누비며 병정놀이 하고, 우체국 양어장 가물치 몰래 낚아 도망치던 친구들이 보고 싶고, 이 집 저 집 사정, 내 집처럼 잘 알던 그 구멍 보고 싶다. 그 이웃 살고 싶다."고 했으며, 「톱밥난로」, 「몽당연필 지우게」, 「나무공장」, 「살구」 등에서 우리네 옛 가정 형편을 알게 되고, 부모와 형제 자녀에 대한 곡진한 마음이 짧은 시의 형식으로 잘 나타나 있다. 짝사랑하던 천포 가는 길, 홀로 서 있음이 가련한 진달래 모습, 재롱둥이 손자 녀석들을 보고 사랑스러워 하는 인산의 노년의 모습이 보여진다. 특히 「불쌍하여라」에서는 누님에 대한 인산의 애절한 마음이 읽는 이로 하여금 가슴 찡하게 한다.

2부의 「얌체와 우둔이」에서는 다양한 소재로 수필 형식의 글을 담고 있다. 자연과 인간의 조화로움을 이야기하였고, 세상을 아름답게 살자고 하였고, 나를 이겨서 건강하게 살라고 하였으며 남을 배려하고 국민을 배려하는 정치를 하자고 정치꾼들과 행동구체(行動狗彘)하는 인간들을 나무라면서 세상은 더 아름다워지리라고 긍정적인 눈으로 보고 있다.

3부의 「나는 1학년이 싫소」에서는 〈기억 너머의 건천〉에는 인산 개인의 가계(家界)와 어린 날의 추억과 멋진 군 생활이 담겨 있다.

그리고 다양한 소재로 교직의 이야기들을 간결하고 맛갈지게 하였으며 부족함이 많은 교사였다고 반성하는 인산의 됨됨이가 교직을 떠난 지금도 제자 사랑의 마음으로 뚜렷하게 나타나고 있다.

4부 「인생은 빈손」에서는 둘째 누님에 대한 애절함과 동생에 대한 애틋한 마음과 자식에 대한 미안함이 진솔하게 표현하였다.

5부의 「바람 같이 살라하네」에서는 미국도 가고, 캐나다에도 가고 동남아를 돌면서 해외의 풍물에 젖어 보는 기회를 시의 형식으로 쓴 것을 행과 연을 무시하고 씀이 좀 색다르고, 탐하지도 않고, 뽐내지도 않으며 언제나 자기 자리지키며 누구나 맞이하는 산을 찾으면서 산에서 배우고 산을 사랑하고 건강을 찾자고 설파하고 있다.

끝으로 지금은 고향을 멀리하고 산 좋고 물 좋은 한적한 해변의 생활에서 유유자적하며 만년을 보내는 인산의 건강과 더 많은 글들을 남겨 주위 사람들의 가슴을 훈훈한 정으로 데워주시기를 바랍니다.

다시 한 번 친구의 건강과 건필을 빌며 고희기념문집 발간을 축하드립니다.

비빔밥 선생의 사랑

초판 인쇄 / 2010년 6월 10일
초판 발행 / 2010년 6월 15일

지은이 / 이윤식
펴낸이 / 박진환

펴낸곳 / 만인사
등록번호 / 1996년 4월 20일 제03-01-306호
주소 / 대구광역시 중구 대봉2동 743-7
전화 / (053)422-0550
팩스 / (053)426-9543
홈페이지 / www.maninsa.co.kr

ISBN 978-89-6349-014-4 03810

값 15,000원